Una Palabra

Ari Ózmeg.

Prólogo I.

Un día, una persona me preguntó si era posible escribir sin tener que hablar del amor. Mi respuesta la tenía clara: es imposible. Porque al final, de alguna u otra manera, todos siempre terminamos hablando de este sentimiento de cuatro letras. El problema (para mí, aclaro) es que creemos que para escribir del amor se tienen que contar cosas agradables o melosas. Incluso, se puede hablar de los dolores del alma y corazón, de la lejanía de la persona amada o de la idealización de la misma. Pero siempre hasta ahí… en la superficie de lo extensamente conocido y mil veces escrito.

Para Ariel (mi hermano Gemelo, para quien no lo sabe), esto no representa dificultad alguna, pues es capaz de plasmar en cada uno de sus textos algo que, por donde se mire, también es amor, aunque nos cueste creerlo o no queramos hacerlo: la intimidad que no tiene por qué estar ligada con lo físico o sexual, sino con la extraña fusión y entendimiento perfecto de dos mentes; el extremo sobre análisis de la otra persona, de cómo es, de qué quiere decir cuando dice lo que dice o de sus ideas de vida; o bien, del extraño proceso de autoconocimiento que lleva enamorarse de alguien.

Insisto, ¿a quién le gusta hablar de los extensos monólogos que se tienen en la cabeza al momento de estar tomándole la mano o abrazando a alguien, y que no le permiten disfrutar el momento? ¿Quién es capaz de aceptar, sin miedo a quedar expuesto, que las relaciones no siempre dejan cosas buenas y en algún momento se pueden convertir en algo dañino? ¿Cómo es posible poder escribir en el lenguaje secreto de dos enamorados, sin que los demás nos quedemos fuera de ese mar de experiencias y poder sentir que somos parte de esta historia? A Ariel, nada más.

Por eso, le agradezco profundamente la oportunidad de leerlo antes que otros, la confianza que deposita en mí para escribir estas líneas y la dicha que, como siempre que lo leo, me generan sus palabras. Cuando le pregunté por qué me escogía a mí para escribir sobre su libro, su respuesta fue: porque tú siempre sabes qué decir. Y yo creo que eso es falso, al menos en una parte. Porque cuando leo a Ariel, surgen en mí ideas, frases o sensaciones que no sabía que tenía, y eso es obra suya. No es que yo siempre sepa qué decir, sino que él siempre sabe qué escribir: lo que sale de lo profundo del corazón.

Ahora les toca a ustedes vivir esta experiencia de los claroscuros del amor, descubrirse a ustedes mismos a través de estas páginas, llegar a sentir una conexión inmensa con alguien a quien no (o tal vez sí) ubican, pero que no hace falta tenerlo físicamente porque con lo que aquí se expresa, se le conoce a la perfección. Y en una de esas hasta podrán decir, como yo: Demonios, cómo quisiera tener lo que este par tiene.

Juan Francisco Bañuelos.

Abrazos.

Alguna vez leí que los abrazos son golpes de alegría. Están distribuidos por niveles:

1. Común. (Menos de cinco segundos)

2. Especial. (Menos de diez segundos)

3. Mágico. (Varios abrazos)

4. Fantástico. (Varios abrazos de varios segundos)

5. Acmé. (Nuestros abrazos)

Así que me golpeaste con la mayor emoción de tu vida.

Son dédalos anatómicos que no terminamos de comprender. Es como si te desprendieras de ti para enchufarte a mi ser. Fue un corto circuito que nos devolvió al presente. Es un bucle. Los abrazos son una colección: distintos, del mismo tipo y preciados.

Así nos recargamos. Es nuestra pila favorita.

Yo detestaba los abrazos. Incluso hoy en día, no puedo recibirlos de cualquiera. Y luego te abracé. Los había estado empleando de la forma equivocada.

Abstracto.

Creo que si mis manos hablaran, te escribiría cada segundo a través de mis ojos.

Ademán.

Tienes ademanes para guardarlos en una bóveda.

Uno en el que tu ceño se frunce y cubre tu lunar.

Otro en el que no sabes qué hacer con tus brazos.

Uno en el que bufas por algo que digo.

Otro para auto bloquearte y hacerte el desentendido.

Tu cuerpo te delata casi siempre. Es un idioma más. Siento que ya estoy a punto de llegar a experto.

Y sí, escribí eso para activar al menos uno de los cuatro.

Advertencia.

Todo lo que empieza y termina de la misma forma es peligroso. Como esta palabra. Tengan cuidado, los términos no deberían llevar al final la letra que le da origen a nuestro alfabeto.

Abeja: ¿Necesito explicarlo?

Academia: Nunca dejes todo para el desenlace, (otra vez) valora el conocimiento que no posees y que crees no necesario. Camina despacio. Disfruta tu etapa de clímax.

Abra: Más si es una indicación. No sabes lo que te depara al realizar una acción tan fuerte y concisa.

Acampa: De nuevo los animales. Créditos para ellos. No merecemos molestarlos.

Abrevia: No lo hagas. Si puedes mostrar las cosas como son, hazlo.

Agrupa: Sólo voltea la hoja. Y piénsalo bien.

Afasia: Me tomó años reconocerlo. Cada vez que quieras y puedas manifestar lo que te preocupa, enfada o añora; haz uso de tu voz y de tu léxico. Ambos son colosales.

Ama: Bajo tu propio riesgo.

Amor.

No puedes medir algo que siempre está ahí.

De niño, por las noches, cuando supe lo que significaba el amor, apareciste y te convertirte en mi último pensamiento. Ya te visualizaba, sólo debían presentarme tu cuerpo, porque nuestras mentes siempre hicieron clic.

Aniversario.

Gracias por este año.

Ha sido el mejor de mi vida por el simple y a la vez complejo hecho de que tú estuviste en él. Amé cada mes, día, hora, minuto y segundo que pasé contigo. Deseo con todas mis fuerzas plantearte un gran abrazo ahora. Mis palabras no serán tan pomposas como en otras ocasiones, pero no creo que necesiten arreglos así para una ocasión tan especial.

Claramente no quiero que esto sea una copia de la copia de la copia de lo que ya han leído tus preciosos ojos. Lo único original que saldrá de aquí es que también tendrás una pequeña sorpresa por lo significante de esta fecha. Ese viaje lo recordaremos como algo más que increíble. Será inolvidable, como mencionaste. Quizá esto no era lo que esperabas… habrá más. Créeme. Te haré muy feliz. Apenas comenzó.

Anónimo.

— "Lo que sientes por él es lo más sincero y real que he visto en mi corta vida. No sé definir el concepto de "amor", pero me gusta explicarlo con base en lo que tú has pasado con él, lo complejo de todo lo sucedido es lo que lo hace tan honesta".

Apoyo.

— "Soy una basura.

— Sabes que eres todo lo contrario y lo pueden decir todas las personas que conoces, incluso si hay alguien a quien le caes mal, también diría eso".

Arcoíris.

Una de mis representaciones favoritas.

Luce como un fenómeno celestial. Literal.

Los colores que proyecta hacen que mi mente vibre. Es interesante, porque, odio la lluvia, pero amo el arcoíris, y sin eso que tanto detesto, no podría observar eso que tanto deseo. Funciona como una señal para aprender a aceptar.

La naturaleza y su comunicación es prácticamente una paleta en la que cada color representa un temperamento. Aquí mis deducciones:

Rojo. Aburrido.

Naranja. Sorprendido.

Amarillo. Triste.

Verde. Asustado.

Cian. Pensativo.

Azul. Enojado.

Violeta. Feliz.

Si fusionas los siete creas algo que los humanos rara vez llegamos a experimentar. Un multi-sentimiento. Hay personas que no creen que puedes pasar por un proceso así. Me gusta apodarlo como "abrumador".

Sentir en exceso. Tal vez es una manifestación de nuestra Tierra. Una especie de grito que luce como una obra de arte. Usualmente así se crea el arte, con sufrimiento.

No los apreciamos lo suficiente, porque tenemos color en nuestras vidas, pero, ¿qué pasaría si no?

Estaríamos algo ciegos.

Los arcoíris me dieron un respiro para poder entender que la belleza de las cosas está donde menos lo esperas.

El día que nos conocimos no llovió. No sé si lo recuerdas, pero sé que hubo un arcoíris en alguna parte. Me habría encantado que surgiera cerca de nosotros.

La mayoría lo asociamos con un estado de paz después de la melancolía que nos provoca la lluvia. Aunque hay personas que la lluvia les trae paz, y los arcoíris son indiferentes para ellos.

Todo lo que está no lo observamos, porque sabemos que está. Qué lástima me da. Sin embargo, eso no me ha pasado contigo, ni pasará. Así estés siempre, yo voy a contemplarte, como lo hago con el arcoíris.

Auto sabotaje.

Acabo de verte. Arruiné la línea temporal y la perfecta escena donde nuestras frentes se encontraron.

Bucle.

Cuando sujeté tu mano por primera vez, me reinicié.

Calamares.

Los calamares son mis animales favoritos. Antes no sabía lo que puede representar uno en tu vida.

Los calamares son cromatóforos. Significa que tienen células pigmentadas, lo que hace que se comuniquen mediante colores. Y yo a veces lo hago. Le hace alegoría a mi Sinestesia.

Su tinta produce aminoácidos y polisacáridos, que son eficaces para la prevención y curación de algunas enfermedades. Esto representa el diálogo para evitar problemas o arreglarlos. Una meta personal para mí: comunicarme de mejor manera.

Evidentemente es un animal marino, y yo siempre me he sentido conectado con el agua en formas que no puedo explicar.

Ellos tienen tres corazones. Saben que yo, como humano sólo tengo uno, pero Doctor Who lo complementa con los otros dos.

Son bioluminiscentes, y un principio en mi vida siempre ha sido destacar. Aquí sale lo de mi intelecto y mi particular sentido literal: brillante en ambos casos.

Por último, lo longevos que son en la historia. Hace 555 millones de años apareció por primera vez una especie similar llamada Kimberella. Mis ganas de perdurar después de que me vaya de aquí.

Los calamares son mis animales favoritos gracias a ti. Gracias a esa noche. Gracias a ese cuadro. Es increíble cómo una historia puede ser resumida en un artefacto.

Ahora todos ya saben lo que significa.

Caos.

Estoy seco. Será una hebdómada densa por el distanciamiento del todo.

Caigo de sueño a esta hora. Qué extraño. Harto de la vida no estoy, pero mi cuerpo es la mejor expresión de mi ser: sucio y cansado. Trataré de evitar por conseguir una respuesta.

El resumen es muy breve. Fue un *Rutidía*. Esos no me agradan. La burbuja de los recuerdos efímeros me explotó hace unas nueve horas.

Ciclos.

Cuando coloque esa última pieza, habrá terminado. Será todo. Y, luego podré volver al inicio. Ya no se sentirá igual. Ni se percibirá como en el pasado. Aún así, estamos progresando. Hemos aprendido tanto el uno del otro. Este mes será dedicado a concluir. Soy muy sensible. El cambio es aterrador. Yo... desearía una pausa. Así sea mínima. Sentiré un desastroso esplín. Es una ilusión. Debo esfumarla de mis pensamientos. Iré al río más grande y cristalino para cubrirme en sus aguas, y así confundir mi llanto entre la naturaleza.

Colosal.

Si sólo me gustaras, te ocultaría miles de cosas

Pero, te amo.

Comparación.

"El año pasado fue muy especial porque te conocí, pero este fue más especial porque aprendí que no quiero perderte de nuevo".

Y ahora, ha pasado un año más, y los dos anteriores jamás podrían hacerle competencia.

Complemento.

La idea de los complementos la refuté porque tu vida no la tiene que completar otro individuo.

Son más como piezas extra que se amoldan a cualquier espacio.

Si no las quieres, está bien. Puedes vivir sin ellas. Aunque sería desafortunado pensar que aspiras a uno, y no a dos, cuando puedes lograrlo.

Conflicto.

Hoy estuviste en mi mente menos de lo que pensaría. Eso me causó conflicto. Me gustaría adelantar dos años y volver a tu vida ahora, para serte franco. No tengo planes de nuevo, y es volver a crear una estabilidad.

Confrontación.

En primera, sé que te gusta la atención que te doy. Que aprecias lo que hago y lo que siento por ti, pero, no lo sé. Algo me dice que ambos debemos de prepararnos. De una vez por todas. Tengo que dejarte ir. Ser feliz sin ti así en mi vida. Aún quiero que seas parte de ella. Siempre. Sin embargo, en este universo, el deseo de estar juntos, no se va a conceder, al parecer. Necesito que ambos o demos un paso atrás, o uno adelante. No puedo quedarme estático por siempre.

Consejo.

¿Por qué no me robaste junto con mi corazón?

Correo.

Sé lo difícil que es estar en una situación así. De hecho, ahora mismo lo estoy, pero, es más difícil ayudar, preguntar, preocuparte. Ser un benefactor en un tópico tan presente día a día como el suicidio o la depresión.

Esta vez le quiero dedicar un espacio y tiempo a una persona que ha mostrado su interés en mí. Que de verdad me mira como yo lo miro, y que me hace recordar lo extraordinarios que somos algunos humanos.

No hace falta hacer mención a su nombre. Sé que él no se sentiría privilegiado de leerse en esta carta.

Tú:

Sólo quiero que sepas, que has salvado una vida. Quizá más.

Escuchando. Estando ahí. Apoyando.

Cada vez que te sientas mal, lee esto.

Recuerda que, tal vez se muestre dramático, pero sin ti yo no estaría aquí hoy en día. Ahora sería parte del todo. Dejaría de filtrar sangre, de conectar ideas, de crear. De vivir.

Tú eres un héroe. Tú y otros más que ofrecen su hombro para llorar, sus manos para levantarse, y su corazón como ofrenda al mundo.

Y por eso eres espectacular.

Generas una empatía, un aura y una especie de imán metafórico que nos brinda paz a los que estamos alrededor de ti.

Gracias por hacer énfasis en esa pregunta tan primordial. A veces no la quiero tan constante en mí. Aún así, esas dos palabras apenas las citaste ayer y me han estabilizado de manera profunda.

«¿Cómo estás?»

Te mando un abrazo.

Sigue preocupándote.

Creatividad.

Mis palabras impactan a quienes me conocen y a los que las han escuchado. Son piezas que utilizamos constantemente y que, al acomodarlas, crean cosas nuevas.

La creatividad para el artista es obligatoria, pero no la puede forzar.

Desde que tengo uso de razón quise ser considerado creativo. Era la mejor descripción que podían aventarle a alguien.

Ser capaz de cautivar o entretener con un exponente que perdurará hasta el olvido.

La creatividad también es peligrosa. Es una obsesión que te carcome si no sabes manejarla. A veces parece como si sólo fuera jugar a ser aleatorio con tus situaciones cotidianas y volverlas bizarras para que puedan catalogarte con una sola crítica. A veces es fluir.

Criogénico.

Voy a guardarte un tiempo. Eres un anuncio del futuro, así que aún no puedes salir.

Curioso.

Mi nombre inicia como termina el tuyo. Eso debe ser complicidad.

Cúmulo.

He querido iniciar esta idea con analogías.

Siento que, a veces expresan de manera más acertada nuestras propias opiniones o anécdotas personales.

Intentaré con todas mis fuerzas enlazar específicamente el tema a tratar con una situación o un pensamiento en mis días actuales.

Un cúmulo (por su definición wikipediana) es un conjunto de cosas sin orden.

Como primera instancia funciona: He tratado de que mi vida sea cualquier cosa, excepto un cúmulo. Todo se resume a que mi persona y parte humana se rige y se sostiene a base de estructura. Al menos así solía ser.

Mi cúmulo prioritario es uno llamado "sentimientos". También el más complejo del grupo.

A pesar de la ausencia de la unión, un cúmulo explora y explota con furor un sinfín de probabilidades que nos limitamos a imaginar.

Los cúmulos estelares son extraordinarios, aunque, de sólo pensar que el universo se expande y se aleja me produce desesperanza.

Es arisca la desdicha acerca de lo distantes que pueden estar millones de partículas que se suponía que el destino las había recolectado por una razón.

¿Por qué categorizar algo que no se pertenece entre sí?

Ahora mi miedo son los cúmulos. Un desastre. Así como nosotros.

Daño.

— "Nunca me subestimes.

— No lo hago.

— Lloraste y creíste que no lo noté.

— ¿Tienes un sentido lagrimal?

— Tengo el sentido de saber cuando te estoy haciendo daño.

— ¿Cómo se llama?

— Ser un idiota".

Declaración.

Yo sé qué escribirás algo con respecto a que no debería seguir así, pero... sólo mírate.

Eres tan hermoso. Física y mentalmente. Lo eres. Y si no lo crees, yo sí.

Es en serio que sólo necesito pensar en ti para que mi vida sea mejor.

Yo no creo que eso esté mal. Todo lo opuesto.

Y amo a tu persona. Tu esencia. Lo que te hace alguien único.

Hay algo que no podré lograr y me deja bastante triste. No porque no lo consiga, sino porque daría lo que fuera por forjar más lazos contigo.

Quizá las palabras no sean lo suficiente. Sí, lo sé. No es lo único que me queda. Lo que siento por ti es tan enorme que me preocupa no terminar de plasmarlo en mi corta vida.

Eres de los seres humanos más bellos con quien me pude topar.

Y amo amarte. Por favor, déjame continuar sintiendo esto.

Ahora te besaría si pudiera. No para alejarte de mí, ni por un mérito carnal, sino porque probarte debe de ser una experiencia inefable.

Adoro que me provoques miles de sensaciones.

Descanso.

Le temía a acercarme a este espacio personal. Mi frustración ya no me cabe y no sé cómo hacer espacio. Siento que ya no sé las cosas. Que perdí el conocimiento de todo por la distancia de decidí tomar. Aún así, es lo más indicado. Todos los recuerdos vuelven como pensamientos invasivos. No te necesito pero me gusta quererte sin necesitarte porque es una elección. Por más lejano que me sienta, tú estás aquí conmigo. Lo sabes. Yo te llevo hasta en mis sueños. Nunca descanso de ti.

Destino.

Me encanta las redes que liga Dios entre nosotros. Hace que todo sea perfecto.

Directo.

Sólo son frases porque tú no quieres las acciones.

Disculpas.

No eres un objeto. Lamento hacer parecer que creía eso. Fluyes tanto que no sólo eres vida propia, tienes para esparcir y me das un poco de ti sin notarlo.

He sido egoísta, y cuando todo se trata de mí, la vida se detiene para darme un palmazo en la frente, que en este caso es Groenlandia. De ahí que los glaciares se derritan. No del calentamiento global.

Jamás debí sugestionarme sobre lo que quería que pasara. Aunque se trataba más del cómo, no del qué, pero quiero que sepas que dejé de organizar este tablero y me voy a cruzar contigo, sólo si el destino está de acuerdo.

Me incliné a la historia más fácil, que era hacer que todo pareciera una culpa unilateral. No. No fue así. Perdona.

Cuando me aterraba, solía marcharme, y tú necesitabas a alguien en momentos específicos. No estuve ahí 24/7 como lo prometí.

Mi obsesión opacaba tu incomodidad. Fui estúpido.

Te ponía en el medio de todo. Situaciones difíciles. A veces eras tú, sin embargo, no vinimos a hablar de eso.

Fui indeciso, impertinente, voluble, incoherente, no estable.

Te lastimé con mis palabras y es un arma que he pulido y perfeccionado con los años, así que el dolor es catastrófico.

Lo peor fue forzarte a sentir cosas que no querías sentir y decir cosas que no querías decir.

Estoy profundamente arrepentido de lo desdichado que fui. No me dejes de querer, por favor.

Eaodmi.

Extrañar a esa persona de manera inimaginable.

Agregar al diccionario.

Enigma.

¿Te sucede que a veces crees que no te dan ganas de contarle sobre tu vida a cierta persona con el tiempo?

Como que se vuelve muy irrelevante.

Pero luego, surge una chispa que hace que este ser humano tenga el mismo peso que antes.

Epílogo.

Sí. El epílogo está a la mitad a propósito.

Eso es porque los caracteres finales pueden no serlo en realidad.

Habrá más después.

¿Cuál será la última palabra pronunciada en el planeta?

Ojalá fuera tu nombre. Dejarías un legado.

Escribir.

Escribir es un pasatiempo que se ha convertido en un regalo del cielo. Tu mente también necesita expulsar lo que tu vida no se atreve.

Escribo porque así me transformo en una obra que puede ser despreciada o alabada. Ambas perspectivas son intrigantes y nada alejadas a mi realidad.

Escribo porque es mi filtro. A veces me gusta pensar que a alguien más le gusta mi algoritmo de letras.

Lo averiguaremos pronto.

Escribir me dio una vida que no sabía que quería. La puse en un reflector y ahora reluce, como debe de ser.

Escribir me salvó la vida. ESCRIBIR.

Me ha sanado. Así que, dejo que mi pluma se deslice para regresarle el favor.

Etiquetas.

Humano. Moreno. Estatura media. Queer. Creyente. Delgado. Nerd. Erudito. Sabelotodo. Intenso. Exagerado. Desenfrenado. Pasional. Brillante. Complicado. Relativista. Necio. Clase baja. Escritor. Lector. Impaciente. Radical. Idealista. Iluso. Actor. Artista. Creativo. Interesante. Auténtico. Dramático.

Exponerme.

— "¿Qué te gustó de él?

— Al principio era el aspecto físico, pero ahora, me gusta la pasión con la que habla de lo que le gusta. Que todo el mundo piense que es alguien superficial, porque eso hace que lo subestimen y que siempre terminé sorprendiendo. Su trato conmigo cuando estamos solos. Que se interese de las cosas que le hablo y que las busque. Que se preocupe por mí en más de un sentido. Que podamos hablar y debatir de lo que sea, y que nunca se vayan a terminar nuestras conversaciones. Su aroma. Su postura. La forma en la que se expresa. Su voz. Evidentemente sus ojos. Que esté dispuesto a aprender de todo. Que sea muy humilde o caritativo en ciertas ocasiones. Su manera de quejarse de las cosas/situaciones/personas. Que pueda convencerme de salir de mi zona de confort. Su rostro cuando se emociona. Lo vulnerable y tierno que se ve al llorar, a pesar de que después no lo admita. Que de vez en cuando pueda expresar tantas cosas sin hablar. Que no quiera cambiar nada sobre mí. Su risa. Incluso su risa fingida. La forma directa (o indirecta, dependiendo el caso) de mostrar su afecto. La facilidad social.

Todo lo que he producido/avanzado personal y profesionalmente gracias a él".

Extrañar.

Es una forma de dolor. Un auto martirio que generamos para experimentar emociones específicas. ¿Qué es lo que extrañamos en sí? Es una paradoja. Imagina si pudiéramos extrañar el presente. Estos instantes. La apreciación sería un término con otro significado. No quisiera desalentar tus esperanzas, pero, tal vez extrañas una fantasía. Por eso genera algo hermoso en tu interior. No te hagas daño con cosas tan preciosas. Esa no es su función. Extrañar podría ser tan impreciso como tu propia persona. Quieres que ese alguien vuelva a estar ahí. Debes soltar tu melancolía. Analizando todo esto, podría ser una peculiaridad que no nos hace bien. Es un ciclo infinito. Si extrañar fuera una pelota, jugaríamos sólo si nos golpearan con ella. ¿Cuál es el propósito? Nostalgia que nos desgarra la piel. Los recuerdos nos forjan, pero no sé si tenemos que extrañarlos. Con los humanos es distinto, si uno se va, su esencia no puede filtrarla alguien más.

Fallos.

Quiero que aclares tus ideas y que me expreses qué sientes. Perdón si me cuesta trabajo creer en lo que dices. Sabes que no me lo pones fácil. Justo lo que dije al principio de la conversación fue lo que no tenía que ocurrir: despedirnos estando molestos. Me rehúso a perderte. Si te vas… ¿sería egoísta irme contigo?

No porque escribas cosas tristes significa que no estás feliz. Yo lo estoy… si tú estás a mi lado.

Ficción.

Esa es mi realidad. Al menos literariamente.

Creo cosas que no existen, cuando sí existen.

Se vuelven paradójicas y producen aturdimientos.

Si imagino un mundo donde no hay ficción, ¿cuál es el resultado?

Está fuera de la comprensión humana, y por eso deben existir barreras invisibles que no podamos cruzar.

La ciencia ficción y la fantasía son parte de mi cultura como artista. Agrego esos géneros en mis historias porque la realidad me asusta. Ahí no hay barreras. Es una pintura que he analizado por años y ya no le encuentro lo fascinante.

¿Y si ya no soy real, justo como mis historias?

¿Y si nunca lo he sido?

Fotografías.

¿Por qué las tomamos?

Para remarcar y recordar momentos específicos, ¿no?

¿Por qué ahora lo hacemos sin un propósito?

Cuestionar no es juzgar, sino sobre analizar. Estos diminutos recuadros estáticos nos hacen ver todo desde una perspectiva más vívida. Hacen ver que los humanos sí podemos detener el tiempo y encapsularlo en artefactos de papel. Tenemos una colección que cuando revisamos de nuevo, nos estremece. Son pedazos del ayer. Es la memoria impresa. El día que capturamos la primera fotografía marcamos historia. La metimos en un frasco apodado "imágenes que nos delatan". Ahí se impregna nuestro ser. Me gusta pensar que vamos quedando en cada una de las fotos que nos toman, incluso después de irnos. Por eso se nota el alma en ellas.

Futuro.

...

Ten paciencia. Ya llegará.

¿Lo ves?

...

Ten paciencia. Ya llegará.

¿Lo ves?

...

Ten paciencia. Ya llegará.

¿Lo ves?

Gira.

Hacia la derecha. Así estarás a mis espaldas. Conduce hasta olvidarme. Cuando lo hagas, vuelve y lo intentaremos hasta caer.

Un movimiento así puede ser trascendental. No lo pienses demasiado. Así es como seguimos vivos. El instinto nos protege, no sé por cuántas horas, pero lo hace.

Hola.

No sé por dónde comenzar...

Quiero hacerte saber todo sobre mi vida, pero, ¿debería guardar algo para mí?

Te extraño. Sé que lo sabes. También sé que escribir esa frase te está provocando cosas ahora. Y ahora. Y ahora. No puedes evitarlo. Ahora sonríes. Y ahora suspiras. Y ahora me extrañas de vuelta.

Volveré a estar ahí. Creía que éramos canales de un mismo televisor y no es así. Somos distintos televisores en el mismo canal: estamos sincronizados.

Nunca me había sentido así. Las palabras son muy curiosas: el orden de ellas puede generar emociones en tu cuerpo. Y tus palabras no son precisamente 1,2,3,4. Eso es lo que más me gusta. ¿No llegas a sentir que no puedes compartir esto con alguien más? No es algo de lo que deberías sentirte avergonzado, lo sé. El hecho es que, la gente te exige una vida y pareciera como si tú propósito fuera sólo crearla y complacer. Y estoy fastidiado de eso.

Y dirás, ¿por qué te comparto esto? Simplemente porque me hace feliz liberarme ante ti.

Divago, ¿lo notaste?

Como casi siempre. Tiene sus ventajas. Como por ejemplo, que sacas un canasto de conclusiones y puedes decidir cuál te gusta más.

Ya no te amo como antes. Me hace sentir relajado. Y que todo estará bien.

Voy a volver al pasado para disfrutar y ver desde otra perspectiva todo lo que trajiste.

Y haré una lista:

1. Opiniones, eso es claro.

2. Aprendizaje.

3. Un imán.

4. Un calor que me cubría la mente.

5. Caos.

6. Momentos irrepetibles.

7. Animales marinos.

8. Culturas que no pensé que conocería.

9. Un canino.

10. Interés.

11. Situaciones complicadas.

12. Saturación de emociones.

13. Refugio.

14. Crecimiento personal.

15. Una historia brillante.

16. Dolores de cabeza a terceros (absurdo, por cierto)

17. Significado.

18. Algo que no deberían buscar entender.

19. Preguntas.

20. Respuestas.

21. Suspenso.

22. Ganas de desbordar un arcoíris de mis puños.

23. Connotaciones a varios términos.

24. Duda.

25. Perspectiva

26. Amor.

27. Ganas de nunca haber hablado de ello, pero no por ti, lo sabes.

28. Apertura de ideas.

29. Colores, olores, sabores, texturas.

30. Un par de abrigos.

31. Miradas profundas.

32. Ganas de volver a hacer destellar mis ojos.

33. Una versión remasterizada de mí.

34. Canciones que tenían mensajes secretos.

35. Secretos que no eran tan secretos.

36. Jamás darle la razón a los demás.

37. Encapsular tu persona en mí.

38. Peleas.

39. Reconciliaciones.

40. Drama.

41. Enigmas.

42. Agradecimiento.

43. Conexiones fuera de la percepción humana.

44. Largometrajes.

45. Un espectador.

46. Inspiración.

47. Nuevos comienzos.

48. Lecciones de vida.

49. Humanidad.

50. Sentir que pertenezco.

51. Más opiniones después de esto.

52. Complejidad.

53. La mejor experiencia de mi vida.

54. Cosquilleos.

55. Suspiros.

56. Parlotear sin sentido.

57. Apreciar cada segundo.

58. Sentir que alguien más me entiende.

59. Recuerdos para el camino.

60. Visión.

61. Saber que puedo hacer todo lo que me proponga.

62. Un amigo incondicional.

63. Desafíos.

64. Festejos.

65. Nostalgia.

66. Comunicación.

67. Sonrisas genuinas.

68. Expansión de opiniones e ideas.

69. Peripecias.

70. Todo.

Inefable.

Tan increíble que no puede ser explicado con palabras.

Así debiste llamarte, pero tus padres quizá no sabían el término.

Es como una nota en clase: 100.

Cada vez que escribes eso, siento como si el creador de ella fueras tú y estuvieras cantando una canción completa en ocho letras. Así es.

Es cálido. Y tú eres cálido.

Es espontáneo. Y tú eres espontáneo.

Es enigmático. Y tú eres enigmático.

Es lo mejor que puede existir, porque podemos sustituir a nuestros sentimientos con algo que sí hemos tenido.

Es nuestra. Los otros tienen su versión, y está bien. Nosotros tomamos la primera copia y esperamos tanto para utilizarla.

Noches enteras lo abarcan. Es telepatía de un solo vocablo. Cada resonancia es diversa.

Y no tenemos que interpretarlo. Lo sabemos. Siempre lo sabemos.

Irracionalidad.

¿Por qué le tenemos temor a pensar? Es verdad que todo en exceso es malo, pero el raciocinio no te provoca cáncer o un brote psicótico.

Olvídalo. Depresión sí.

Irreal.

En todos mis pensamientos fantásticos existe un micro tú.

Japonés.

— "Ashiteru.

— Watashi mo.

— Boku wa mo*. Pero ahora más por intentarlo".

Luego.

"Luego" es nuestro adiós de respuesta automática.

Un adiós falso, pero que con su poesía puede transformarlo de una despedida a un: pronto te volveré a ver/hablar y darle una cierta carga emocional. Cuando extraemos palabras así, no pensamos que se convertirían en nuestra historia, pero, tiene sentido cuando todo ha sido ya de alguien más. La connotación es parte de la autenticidad. Eso si no imaginas que hubo otros dos sujetos diciendo eso con la misma apreciación. Si eso fue o será real, tendrá una pizca extrasensorial.

Menciones.

Vivo a través de tus menciones. Así que cada día me nombras, porque cada día aquí estoy.

Metalista.

La adquisición de esta palabra viene de una conversación en la que renombré una de mis listas más preciadas.

Al ser la madre de todas, obtuvo ese título.

En ella, están los secretos más profundos de mi ser:

Las personas que he amado o querido en toda mi vida. Hablando en específico sobre un amor o cariño sentimental.

Es un espacio en blanco en el que cualquiera puede tener acceso, pero pocos saben cómo.

Hay un rumor de que casi cualquier persona que se adentra en ello, me corresponde, así sea de la más mínima forma, pero no estoy tan seguro de eso.

Al menos, no hay una conexión como la que tengo contigo. Es por eso que debería crear una metalista exclusiva para ti.

Musa.

Tú eres mi inspiración, y lo seguirás siendo hasta el día en que me muera.

No llevo la cuenta exacta de las palabras que has sacado de mi boca, pero la cantidad no es relevante. Cuando me levanto por la mañana y mi primer recuerdo de lógica me dice que ahí estás, brillando, puedo continuar. Es como un pase de lista de una persona. De tu persona.

Si hubieras nacido en la Grecia antigua, tu papel te sorprendería. Alguien importante, es lo que veo. Puedes lograrlo aquí también. Encuentra tu numen. Porque lo que sea que vayas a crear, me urge verlo. Me emociona.

No.

Así que, no lo hagas. No me pidas que me vaya. Nunca. Porque, parece que no me conoces. No me iré. No hace falta que lo recalque.

Sé que lo dices porque en el fondo sientes raro que alguien invierta tanto tiempo en ti. No es lo indicado. ¿Por qué no hacernos sentir buenos momentos?

Noctámbulo.

La noche me causa más sensaciones a comparación del día.

Mis ideas despegan. Mi cuerpo se libera. Las personas me cuestionan sobre mi vida y lo funcional que es. Ahí no hay filtros. Y, sí emana un calor de mi cuerpo, pero no se da al sol. Ese calor es distinto. A veces es como si mi vida funcionara al revés. Eso le daría sentido a por qué no entiendo varias cosas. Me encantan las estrellas. El silencio. Las luciérnagas y sus sonidos. La soledad.

No lamento ser noctámbulo. Me ha dado regalos: pláticas pasmosas, vivencias únicas, creatividad desmesurada. El insomnio, sin embargo, me estaba destruyendo.

Siento que lo estoy venciendo, y que la pelea ahora se transformó en un foro de discusión.

Lo que más recuerdo es lo que sucede en las madrugadas. Y vaya que hemos tenido madrugadas prodigiosas. Tantas para una colección. Así que, si me ves algún día en mis horas más productivas, no te asustes. Estoy contento con ello. Y no sé cómo explicar mis motivos...

Palpar.

Me gusta sentir. Específicamente en esos niveles. Aunque todo puede resultar una ilusión.

Paseo.

Acabo de volver de una caminata. Me gusta el tono del cielo a esta hora. Mis manos están heladas, pero mi corazón se siente cálido por dedicarme unos minutos. Percibía el aire. El sonido de los autos marchando es como una sinfonía. Tomé algunas fotos. Pensé. Suspiré demasiado. Estuve a punto de llamar a quien sea sólo para tener una conversación. No voy a idealizar Octubre. Eso sería fatalista, pero haré lo posible porque sea destacable.

Conocer a alguien es desencriptar llaves metafóricas con preguntas. Sus respuestas evaporan sus capas de protección social. Hasta que sólo están ellos.

Pastilla.

La vida es un pastilla: compacta, pequeña, servible, con efectos secundarios, rancia, difícil de digerir en ocasiones.

Películas.

Son mi cosa favorita en la faz de la Tierra.

No hay algo más singular que refleje nuestra bella imperfección. Nuestros problemas del día. Nuestras emociones al por mayor. Vivimos en un drama. Somos los protagonistas de nuestras historias. Rompemos la cuarta pared. Somos ases entre pares y nones.

Un puñado suntuoso de luces y cámaras. Un experimento que causó ovaciones. Un galardón al arte más completo. Una colaboración humana.

No es una coincidencia que nos conociéramos en un cine.

Perfección.

Cada película es un viaje a nuestro corazón. Algunas se distribuyen al cuerpo entero y cuando finalizan, nos hacen vibrar.

120 minutos de vida compactada. Es un jugo que todos necesitamos probar.

Cuando tuve mi momento de revelación, no veía venir lo que se acercaba. Es probable que cinco minutos de mi film representando dos años de fascinación.

Quiero expandir mi amor y la única opción es compartir. Ahí entra la epifanía para gritarte a kilómetros que tienes todo lo que buscabas, con una claqueta y una dirección.

Pertenecer.

¿Por qué siento que no encajo en algún lugar?

Todo está vacío pero ocupa un espacio. No es un vacío literal. Yo no pedí un mundo así. Siempre quise sobresalir entre la multitud. Ahora sólo necesito ocultarme. Cubrirme.

Desearía palpar la tranquilidad. Hay que seguir la corriente cuando ya no sabes qué hacer.

Yo era mi mejor versión y la desactualicé.

Voy a rodar en el campo. Apreciar los colores. Sumergirme en las sombras al anochecer.

Cuando regrese aquí, sólo aspiro a presumir lo dichoso que he sido por ser la pieza mal colocada.

Me están vibrando los ojos.

Estas lágrimas me acompañan. Tú ya no.

Cuando era parte de un "algo" se sentía un "todo". Brilla hasta apagarte. Suelta hasta librarte. Pertenecer es un verbo que está en el cerebro desde nuestro nacimiento. Si no te conectas con ese otro extremo, tu salida es un abismo de ser incompleto.

Sana, y luego podrás pertenecer. Aquí no. En tu propio corazón: es el sitio que aspiras a llenar.

Peón.

El peón podría ser la pieza más poderosa del ajedrez.

No. Es la reina.

El punto es que, podría.

Cualquier peón puede avanzar hacia el otro extremo del tablero para conseguir su poder.

¿Seré un peón o una reina?

Eso me pone flemático, ya que son sinónimos.

Eres lo que puedes ser cuando tomas acción.

Pintiparados.

Somos pintiparados entre sí. A veces es casi como un complemento. En otras ocasiones, no. Vivimos al miedo a ser iguales entre nosotros. Nos escondemos entre la multitud con el fin de pasar desapercibidos, y ahora el enfoque se realizó a la diferencia. Contigo no sé si quiero hacer eso. Es decir, gracias a nuestras diferencias seguimos estando juntos, pero compartir tanto entre nosotros me alienta a compartir todo. Y no sé si eso esté bien. Me haces sentir importante... ¿Sabes? Las semejanzas que coexisten son fortuitas. Destellos de gloria y un arcoíris andante. Quiero parecerme a ti hasta que seamos uno mismo.

Polimatía.

Deseo saber de todo.

El aprender sobre cada cosa y encontrar una faceta interesante hasta en lo menos esperado.

La ciencia y el arte son el perfecto balance para una vida plena.

La fascinación entre adquirir conocimientos es un mar que no terminas de explorar. No tienes que hacerlo, porque sabes que hay partes que son indistinguibles.

Así que cuida tu tiempo e inviértelo en mí. Conóceme a mí. Te garantizo un mar como el mediterráneo.

Reacciones.

Hiperventilo. Mucho.

Me hace sudar. (Cosa que hasta mi cuerpo rechaza la mayoría del tiempo)

No tengo habilidad de pronunciar 10 palabras bien frente a él.

Cuando me toca, yo sólo... es como si me electrocutaran.

Las ocasiones en las que sus ojos se enfocan exclusivamente en mí... es lo que hace mi día. Utiliza ese poder hipnótico y yo lo dejo porque me estimula como pocas veces.

Me hace cantar, bailar, escribir, reír, (más de lo usual) ser más cursi, por ende, humano.

Soy tan frágil ante él que se desata un caos multicolor en mi cerebro cuando me habla.

Y no me importa si él investiga algo y lo comenta conmigo como si no lo supiera, yo... hago como si de verdad no conociese el tema con el propósito de escucharlo durante mayor tiempo.

Recaída.

Hoy estoy entre tractores. Decidí hablar sobre ti porque es lo único que me queda. Tú prendes mi cuerpo, pero no de una forma provocativa, sino que, parece que me llenas de energía. No puedo expresar todo esto, porque se supone que te estoy superando. Nadie querría volver a escucharme si se enteran de que te sigo queriendo con la misma fuerza. Así estemos peleados, yo rezo por ti, te sueño e intento detallar estos días porque no estamos juntos.

Recordatorios.

1. Deja de satanizar tu vida.

2. Tienes un desapego emocional mientras vas creciendo. Es normal.

3. Hay un sentimiento genuino. Continúa.

4. Sabes lo que quieres, aunque el resto piense y diga que no.

5. Nada es permanente. Ni siquiera él.

6. La convivencia es parte crucial del acercamiento interpersonal.

7. Procrastinas demasiado.

8. La familia es un sistema.

9. Tu memoria es un sorprendente.

10. Tenías miedo de poder estar bien. Irónico.

Relatividad.

Hay miles y millones de personas que dijeron lo mismo que tú. Sólo que no son tú. Eso transforma radicalmente lo que causas en mí.

Reloj.

Transmito energía como si estuviera tranquilo. No lo estoy.

¿Qué pasa si nuestro mundo es un reloj?

Quizá lo único que hacemos es dar vueltas y vueltas.

Cuando nuestras manecillas se juntan, es el instante en el que el amor colisiona.

Ahora que lo pienso... ¿Por qué medimos eso?

Reverso.

Necesito ser capaz de visualizarme en otros espacios. He sido testarudo con la gente que me aprecia y fidedigno con los que jamás me prestan atención.

Samantha.

Hay personas que se ganan el mérito de ser descritas con su propio nombre porque son tan complejas que aún no se han inventado los adjetivos correctos o más acordes para estas: Sam es una de ellas. La percepción es subjetiva, pero con ella surge algo extraño llamado transparencia. Con un toque de autenticidad. Tiene su propia esencia ante cada ser con el que se presenta, y sin embargo, le es fiel al patrón que maneja en su identidad. Es de mirada deshonilladora y con un alter ego de una niña pequeña, que tanto le gusta interpretar en teatro.

Puede pasar de la indiferencia a la euforia en un suspiro y alzar su tono de voz de la misma manera para expresar júbilo. Sus padres me contaron que es esquilimosa, pero no creo que tanto como yo.

Podemos sumergirnos en debates de lo más aleatorios en los que no es necesario conseguir un ganador sino defender nuestros puntos. Analiza y calla. Su lengua dicharachera te transporta a los lugares más divertidos o existenciales. Ella se amolda a quien tiene enfrente. Su empatía es alucinante. Indecisa a más no poder. Las elecciones le causan conflicto. Me agrada que todo lo que dice no sale de su boca sin ser ejecutado por su cerebro antes. Eso la hace más madura que mucha gente. Es muy humilde. Demasiado. Siento que a veces no lo nota, pero, sé que su corazón es más grande de lo usual. (metafóricamente) Suele desanimarse por las pasiones que aún no encuentra. Toma a los demás y sus problemas como suyos. Tiene esta necesidad humana de querer arreglar. Le resta importancia a ella misma para antes poner a los otros. Tiene muletillas de términos tan comunes que, usándose como muletillas no lo son tanto. Sarcástica sin ofender. Utiliza onomatopeyas para describir sentimientos/estados de ánimo. Mi percepción fue un proceso tan radical que me hace ver todo su espectro y no sólo lo bueno. Sus abrazos son reconfortantes. En muy poco tiempo puede pasar de ser muy introvertida a ser cariñosa. No es únicamente inefable, sino abstrusa, estrambótica. Más allá. Sus estándares son nada a como ella se ve de lo que realmente es. Distraída. Despistada. A veces es demasiado. Hay gente que impregna una huella (también metafórica) en tu vida. Ella lo hace sin cesar. Exagera las cosas. Ocurrente es uno de los adjetivos más poderosos que le quedan. Se subestima tanto que a veces me preocupa. Un gesto que haga podría resumirte su día. Desobediente e ingeniosa. Sus gustos generales no son nada básicos. Considero que tiene superpoderes porque puedo escuchar sus mensajes de WhatsApp. Eso aniquila mi sinestesia. La veo de color verde, rojo y café. Tiene patrones de ondas.

Semana.

Tú sentido analítico es una fuente

Fluyes dentro de tus líquidas neuronas

En lunes, todo pinta renuente

Casi como la vida misma.

Cuando me miras, es como si me tocaras con tu retina

Dulce augurio, perpetuando

En martes, como una colina

Que voy subiendo hasta el deseo de soltar plasma de amor.

Sirve mencionar que no he respirado

Porque cada segundo que desapareces, el tiempo y yo no nos saludamos

Y me encuentro todo desalmado.

En miércoles hay castillos de tus sonrisas y en ellos me refugio para no salir lastimado.

En jueves, que fue el día que nos introdujeron, mi corazón se expandió para poder abrazar el tuyo.

Fue instantánea nuestra red de complicidad y mi sexto sentido apareció sólo para avisarme que te protegiera en un capullo.

Nuestro día era el viernes, dónde más interacción había

Mi escala de palpitaciones excedía el promedio y jamás creí que tu cuerpo y el mío harían sintonía.

En Sábado, amanecer contigo es un deseo

Tu queja matutina es poética

Tus labios nunca se secan

Me hace amarte de forma frenética

Tu cuerpo es casi geométrico

Casi como ésa madrugada donde hablamos de juegos en el tiempo y en la realidad.

Era domingo, te susurré al oído "feliz cumpleaños" y supiste que era auténtico.

Semáforo.

¿Recuerdas el día que eras como un semáforo descompuesto?

Te reíste al explicarte la analogía.

Me das las tres señales a la vez. Y yo como peatón, no sé qué acción tomar.

Te conté que necesitas repararlo.

Dijiste que tal vez no. Así que, tu averío pudo ser provocado. Por ti mismo.

Pero, ¿por qué no pusiste un cartel de advertencia?

Lo habría facilitado.

Siameses.

Nos adherimos, y hubo heridas porque intentamos despegarnos.

Sonríe.

Todo estará bien. Confío en eso. En nosotros. En la vida misma. Todo es un enigma. Es fantástica la incertidumbre. Esta es una expresión que bien podría ser una representación del alma. No hay mucho que escribir. Excepto que es una de las sensaciones más impactantes.

Gracias por causar algo que pocos logran. Somos espejos: si tú sonríes, yo lo haré también.

Sugestión.

— "A lo que voy es que, no sabía que era definitivo, ¿Sabes?

Las cosas iban y venían. Supongo que me quedo más tranquilo porque no quedó en mí.

— No es definitivo. No ha pasado toda una vida para que digas eso".

Teatro.

Quisiera poder expresarle a los demás que no me encuentro bien y que sólo estoy fingiendo. Nunca lo había hecho tan creíble.

Tiempo.

Tengo una descarga. Como si me hubiesen configurado. Es más veloz y poderosa que las anteriores. Hoy quiero decirle a cada persona que quiero, que la quiero. Sólo porque sí. Quiero abrazar. Quiero aprovechar. Despegar el plástico de mi envoltura para poder salir realmente. Si estás leyendo esto, sea quien seas, va para ti:

Mándame un mensaje. Llama. Comunícate. Hazme parte de tu vida. Sacúdeme. Enséñame cosas, personas, lugares, lecciones. Tuve el descubrimiento de mi vida. El secreto que todos buscan y que pocos conservan, uno llamado conciencia. Hoy nací de nuevo. Y estoy orgulloso de eso. Este impulso tiene que hacerme despegar de una vez por todas. El tiempo está pasando. No se detiene para que escriba esto, pero así parece. Y se siente fantástico. No hay más. Todo está aquí. No hay propósitos, juegos sorpresa o sentidos para cualquier cosa. No te desgastes. Eres digno o digna de todo lo que te propongas. Lucha. Somos calendarios vivientes. Pero nosotros tenemos ecos de nuestros acontecimientos. Ecos que de verdad están ahí. Mi primera lista después de esto será sobre todo lo que he dejado inconcluso, lo que no he iniciado pero quiero, o lo que debería planear. No voy a resolver el enigma tan pronto. Voy a procesar y a meditar sobre mi siguiente paso. Uno muy grande. Ya es hora. Adelantemos un poco y vayamos hacia lo desconocido. El tiempo es una analogía de cada vida. Y de todas las vidas que he analizado, vaya. No sé. Fue la tuya la que más me gustó. Tu vida y tú. Después de la mía, claro está. Sigamos aprovechándolas juntos, ¿te parece?

Todo.

Una palabra que no tenía presencia. Una forma de hacer trampa y exagerar. Una estrategia para englobar y acaparar sin olvidar una sola cosa. Son dos brazos que se extienden para recibir la lista interminable del abecedario. Esto es tan y a la vez no. Te amo más que a nada, funciona para el español, así que cuesta creer que el todo es lo que nos hace ver el mayor efecto producido por la humanidad. El punto de comparación es tan irónico entre todo y nada que, casi se burla de nosotros.

Decir: "Te amo más que a nada" es decir "te odio". Así que no lo hagas.

Decir: "Te amo más que a todo" es la clave del éxito. Pones a un individuo, sobre lo demás. Y es lo que queremos. Así nos sentimos seguros de ponernos vulnerables y manifestar nuestro amor.

Traición.

Hace poco más de un año estaba con emociones semejantes. Tuve una plática con un conocido acerca de la traición que me dejó pensando.

Le expliqué mi caso y lo hacía con una furia que me hacía temblar. Yo estaba triste y molesto.

Y dijo: "no estés así. Nosotros no somos dignos de juzgar lo que quisiéramos que pasara. Tú amaste y entregaste hasta el último suspiro. No puedes convertir eso en palabras sucias que manchen la reputación del humano que te cautivó. Porque eso es traición. Debes defender lo hermoso y perfecto que fue para ti, y sé que no estás en el mejor momento, pero, no es justo hacerte y hacerle daño, pensando y soltando cosas que quieres creer que te harán sentir mejor. Eres valioso. Debes abrazar lo perdido. Es mejor así. Siempre es mejor así."

Llegué a mi casa, tomé mi almohada y me permití sentir. Fue un circuito de caos y belleza. Repleto de segundos impecables. Todo tan icástico. Y me reí. Di vueltas. Pude oírte entre mis risas y pude notarte en mis movimientos. Estoy mejor. No pienso traicionar.

Trance.

Me niego a amar a alguien más. Contigo el amor pasó de ser una cosa, a ser una parte.

Transición.

Aunque ahora seas pensamiento y no persona, sigues aquí.

Travesía.

Quiero volver en el tiempo, no para cambiar las cosas o para quedarme ahí, sino para abrazar el sentimiento y no sólo el recuerdo.

Ultimátum.

Has pasado por mucho. Durante toda tu vida te enfrentaste a cientos de circunstancias y adversidades que te hicieron la persona del presente. Siempre fuiste humilde, incluso más de lo que debías en ciertos momentos. Todos afrontamos cosas que nos aterran o que no nos gustan. Gracias a eso podemos relacionarnos de mejor manera con los demás. Y así como cada uno tiene su momento, es hora de que tú tengas el tuyo. Cuando te sientes mal, existen cuatro tipos de personas; las que te dicen que hay otros traspasando peores escenarios, los que te piden que ignores o reprimas esas emociones por completo y que te dediques a sonreír hasta cansarte, los que te animan y emiten la frase "todo va a estar bien", y los que te permiten ser, porque lo que pasas es personal y complejo. Has estado en las cuatro alternativas.

Valioso.

Todos merecemos cosas buenas en nuestra vida.

A todos la vida nos trata mal.

Muchos deciden elegir caminos rápidos o equivocados.

Pero otros aprender a lidiar con cosas así.

Creo que tú mereces todo lo que quieres por estar aquí hoy.

Por ser quién eres.

Por lo que te hace distinto del resto de los humanos.

Sé que no sólo cambiaste mi vida.

Y sé que no sólo una persona a cambiado la tuya.

Debes de aprender a dejar de creer que no mereces a las cosas, los momentos o a las personas.

A veces que no lo tengas, no significa que no lo merezcas.

Es cierto que no siempre se te va a cumplir todo lo que te propongas.

Pero eso depende de ti.

Te juro que, incluso si no estás de acuerdo con esto, pierdes tu tiempo menospreciándote.

Y no porque lo diga yo.

Sino porque tienes la capacidad, habilidad, iniciativa y oportunidad de hacer cosas que quieras, que anheles, y que te hagan feliz.

Vives en un escudo en el que te da miedo salir de tu círculo vicioso. No eres el único. Somos millones, créeme.

Pero cuando sales, se siente tan bien.

A veces te hiere.

Pero siempre aprendes.

Por eso vales.

Porque no estás estancado en un solo punto.

Sigues. Y eso te hace valioso.

Veintiuno.

No había pensado que ya estoy cerca de los 21. Es un número muy significativo. Una nueva etapa.

Estoy perdiendo algo de mi identidad. ¿O será que sólo estoy creciendo?

Verde.

El color que pasó de causar molestias en mí, a satisfacerme. Incluso el sonido es dulce y melódico. Hojas y manzanas. Hay un cambio radical en mi percepción. En mi decisión de querer un tono que no me producía más que desdicha. Hasta que te vi. Literalmente lo poseías. Fue aceptar algo que consideraba un error. Y yo era el equivocado. Aún no estaba despierto mi deseo, y fue como si activaras un botón para cambiar mi opinión. Aprendí a amar cosas que odiaba. Aprendí que odiaba sin razón, pero que amaba por un motivo: tú. Así que si vuelves a mirarme, me habrás ganado, porque esa luz refleja tu interior, y es verde.

Vitamina.

Me siento vacío y distante de todo.

Quiero gritar, pero estoy calmado.

No he llorado en días y es muy inusual cuando me encuentro en esta condición.

Esto tiene que ver con él, pero es más personal, realmente.

Quizá es primordial que es más lo que pasa o lo que siento que su persona.

Siento que mi única forma de calmarme es escribiendo. Como ahora.

Y no con cualquier persona.

Se leerá increíble, pero la sensación no me disgusta como creía.

Volví a hacer referencia de que él es interesante porque hablamos de cientos de temas.

Superficiales y existenciales.

Y sentí como que todo estaba correcto y que quería mantenerme quieto para enfocarme en el instante.

Con él no sé cómo hablar de esto y que lo tomé tan en serio como todo lo que solemos decirnos.

Puede ser exagerado, pero él me está fortaleciendo los motivos para casi todo lo que hago.

No es aferrarme, porque lo discutimos aquella noche. Ya no lo pienso hacer, sin embargo, me siento extasiado y destruido al mismo tiempo.

Y no sé cómo representarlo.

Tampoco quiero hacerlo notar, porque no tendría sentido.

Él me está devolviendo sensaciones que no creí probar con la misma intensidad dos veces.

O incluso más.

Va más allá de lo que sé.

No es un gusto, ni una obsesión.

No siento que esté mal. No está mal.

¡Expresamos nuestros sentimientos mediante un cuadro!

Fue inefable.

Ahí entendí que él hace mi vida más saludable.

Él me nutre.

Y realmente no es como una droga, sino, más bien como una vitamina.

Hasta con las vitaminas hay que tener cuidado. Lo sé. Estoy consciente.

Sólo quiero que por una vez, la gente no me diga que estoy haciendo todo mal, porque no concuerdo.

Ahora empiezo a quererme, y a darme tiempo a mí.

Es súper complejo.

Juro que es turbante disfrutar momentos con él.

¡Estoy enamorado! Y sí, es un arma de doble filo expresar algo así.

Sé que amar está bien, y que te hace sentir completo.

También estoy amándome cuando estoy con él.

No lo sé. Es curioso.

Es como si en el lugar en el que nos encontremos exista una réplica de mí.

Una tercera persona que observa todo, y la que se lleva y expresa esto que está estancado en mi cerebro.

"El amor es una caja que se expande" parafraseando a mi película favorita.

Todo lo que me provoca es esa caja, que ahora es del tamaño de un cuarto completo y que puede llegar a cubrir el mundo.

Derramé más miel que nunca.

Deseo que sepas por qué lo hago.

Ahora tengo un apodo más a la colección: vitamina.

Él.

Es la persona de quien quiero cuidar, con quien quiero estar y a quien me encanta amar. Él no le da un sentido a mi vida porque ésta ya lo tenía desde el momento en que nací, pero me hace feliz que pueda tener sentimientos tan grandes por una persona. Con él siempre me siento vulnerable. Creo que conoce todas las partes de mí que me aterran por la sinceridad de la que están cubiertas. Yo lo haría feliz. Sé que le he causado alegrías, y si él me lo permitiera, podría hacer más. Conmigo estaría a salvo. Siempre me haría cargo de eso. Si alguien se mete con él, directamente se mete conmigo. Hace que mi cuerpo vibre y que mi mente se expanda. Me acerca a mí mismo cada día. Me hace darme cuenta de lo maravilloso que puedo ser. Él es demasiado. No demasiado para mí, sólo... Demasiado. Quiero que él sea capaz de verlo. Siempre lo voy a amar. Siempre. Incluso si nada resulta. Porque jamás voy a traicionar mis sentimientos por él. Probablemente lleguen otras personas, y sonará cliché, pero, nadie tendrá ésta potencia de amor. Yo no podré ofrecer tanto porque todo eso es para él. Me gusta que sea él específicamente. Habiendo tantos millones y millones de seres humanos. La gente me decía que hay muchos como él, y no es así. Literalmente no hay ni habrá nadie así. Justo así. No sólo lo amo a él. Nos amo a nosotros. A lo que ahora somos. A lo que tenemos. A lo que sentimos. No sé cómo catalogar esto y, a decir verdad, no sé si quiera hacerlo. Me gusta la comodidad que existe cuando nos miramos. Que cada vez que roce su mano con la mía transportemos nuestras emociones como si fuera electricidad. Mi debilidad es saturar mis pensamientos, porque sé que puedo llegar a ser impulsivo y expresarle cara a cara que lo amo. Que si lo amara toda mi vida, tendría la mejor vida de todas. Y probablemente así sea. Lo amo. Lo amo. Lo amo. Lo amo. Lo amo. Lo amo. Lo amo. Lo amo. Lo amo. Y me gustaría amarlo más. Hasta la locura. Hasta poder sentirlo en mi sueños y no únicamente verlo.

Único.

A veces no piensas que conociste a la persona de tu vida, y que aunque llegue más gente, nadie volverá a recibir ese título.

Final.

Nací el 4 de Enero de 1999.

Hoy es 31 de Octubre de 2019.

Hay una diferencia gigantesca o pequeñísima sobre estas fechas, depende de la perspectiva.

Todo debe de acabar. Nunca sabemos cómo. Nunca sabremos por qué. Lo que sí sabemos es que el proceso de finalizar es un respiro. Justo como el que estoy dando.

Se siente casi como flotar. Se siente como si estuvieras aquí conmigo. Tú creaste esto también.

Gracias por dejarme amarte. Ve lo que acabas de hacer.

Algo más que compartir contigo.

Dos Palabras

Ari Ózmeg.

Prólogo II.

"Dos Palabras" tiene prácticamente el mismo objetivo que su contraparte. En él, es un tanto evidente que ahora se hace referencia a un par de palabras, en vez de sólo una, porque sabía que había términos que todavía deseaba inspeccionar que dentro de "Una Palabra" no pude.

Esta segunda parte fue escrita meses después de la primera y apareció de repente, porque ya existían algunos temas que había abordado en redes sociales o en diarios. No estaba planeado que tuviera una continuación, por lo que decidí que lo más factible sería recopilar ambos proyectos en un solo tomo. Casi la mitad del segundo fragmento fue escrito en un mes, a principios de la pandemia. Apareció como una ráfaga de estro que tuve que usar.

Aquí hablo más de mi experiencia como individuo y mi reacción a los acontecimientos que han sucedido a mi alrededor en los últimos años, más que una carta para una situación o una persona en concreto, es un relato transparente sobre mí, en el que los otros pasan a ser los secundarios.

Intento tener un diálogo directo con gente que ha contribuido en mi existencia, pero también me recuerdo varias de las lecciones que aprendí por mérito propio de las peripecias del día a día. Es un ambiente con mayor optimismo y esplendor a comparación del inicio, así como un enfoque explorativo más amplio y una conclusión a la etapa de los 21 años, una edad que en definitiva jamás podré olvidar.

Me dedico a experimentar con mi lado más creativo y con las intenciones de que los siguientes 90 textos, brinden nuevos sentimientos a quien sea que lea esto, o que incluso les hagan recordar algunos ya antes sentidos. Algunas anécdotas, pensamientos, sentimientos y expresiones llenas de analogías rebotan por aquí. Muchos aún con un tono romántico. Sin embargo, cabe destacar que me enfoco en más de un tipo de amor, siendo el propio al que más reconocimiento le otorgo.

Les aliento a proseguir, y prepararse para esta segunda mitad, que con todo mi ser me esforcé en sacar a la luz y compartirla con el mundo. No son las palabras más sabias que se encontrarán por la literatura, pero sí son las que me denominan mejor y plasman lo que habita en mi interior.

Jordán Ariel Gómez Cruz.

7574 Días.

Iniciamos con un pequeño engaño. Es así como las buenas historias relucen. Técnicamente no son dos palabras, tampoco 7574.

Son la 1:51 de la mañana del 30 de Septiembre de 2019.

Actualmente hay 7,733,794,704 personas vivas en el planeta.

Al menos en el instante que escribo esto.

Ahora la cifra cambió.

Y ahora.

Y ahora.

Yo soy una de esas personas.

Nací en 1999.

Sé muchas cosas.

Otras las desconozco por completo.

Aprecio a mis padres.

A mi hermano y mi hermana.

A mis amigos y amigas.

Mi platillo favorito.

Mi disco favorito.

Mi libro favorito.

Mi primera palabra.

Mi lugar favorito.

Mi país favorito.

Mi país.

Mis dulces favoritos.

Mi poema favorito.

Un dibujo que hice anoche.

El lugar donde me enamoré por primera vez.

Mi primer empleo.

Mi segundo empleo.

Algunas expresiones faciales.

Mis escritos.

Mi película favorita.

Existe una escasa probabilidad de que te topes conmigo en algún momento de tu existencia.

Si es así: hola. Las estadísticas querían presentarnos.

A veces pienso cómo es que hay puñados de personas que están en tu universo pero parece que no aportan algo a él.

Bueno, lo hacen.

Tú no lo notas, y aunque no suceda interacción directa, somos una red interminable.

Yo conozco a una persona

Y esa persona conoce a otra persona

Y así sucesivamente.

A veces la red se corta, cuando se marchan para siempre.

A veces la red se hace delgada, cuando se distancian.

A veces la red se rompe, cuando la relación ya no funciona.

Si pudiera hablarle a todo el mundo por un minuto, les diría esto:

Vivan.

Amen.

Disfruten.

Sigan.

Son un fiel amigo de las palabras. Sin embargo, no las utilizaría con exageración en ésa única ocasión.

Cuatro palabras que tanto se nos olvidan.

Tal vez estaban más concentrados en observar todo lo demás que plasmé.

Pero, no quería articularlo de otra manera.

Afecto Peculiar.

Nunca me di el tiempo o espacio de saber quién eras. Me dejé llevar por lo que creí que te definía. Lo que mostrabas, o lo que escuchaba de voz en voz sobre ti. A pesar de todo, mi afecto existía. Era peculiar, pero existía. Tu amor me llegó a asustar, porque era una manifestación de tu inseguridad. Tal vez así se da ese tipo en específico. No sé qué es lo que pude hacer por ti, si es que hice algo. Nunca te pude corresponder porque no eras tu mejor versión y porque a veces eso pasa. No es una lista que siempre se tache. Eras el espacio en blanco y a todos nos toca en algún punto serlo.

Agujero Negro.

Cómete mis sentimientos. Ya no los quiero. Dame materia en su lugar.

Almas Gemelas.

Tu amor va para alguien más. Cuando miro tu semblante al mencionar a la otra persona, entiendo. Tu ojos resplandecen. Eso no pasa conmigo. Ahí es donde noto que debo dejarte en paz. El concepto de las almas gemelas es una farsa si no estamos juntos, y al parecer, no lo estaremos. Sólo es gente sintiendo cosas, porque es a lo que venimos. Algo desapareció de mi ser en el momento en que les vi juntos. Supe que yo no encajaría y que los finales no son más que alucinaciones. Nada termina. Es por eso que estamos atormentados en el infinito.

Aquí Estuviste.

Siempre. En cada manifestación de amor.

Caíste del cielo para darme un adelanto de lo que sería estar en el paraíso. Un paraíso andante. Radiante.

Temo amar el amor y no amarte con él. Temo haberme equivocado tantas veces que ya no te queda más que tolerarlas. Sigues dándole vida a mi creación y yo sigo esperando serle fiel a mi corazón. Das calor sin quemar. Nadie hace eso. Gritas sin asfixiar. Me revives y me aconsejas que ya no te dé más que a los demás. Tu boca es una serpentina que se enreda entre tantos ir y venir, y tuviste que cortar toda posibilidad para verme en mi lugar.

Arrivederci.

Grazie mille per tutto.

Perché mi hai lasciato scollegarmi da te. Ora posso volare senza fatica. Avrò più energia e andrò lontano.

Non ho mai pensato che il mio cambiamento si riflettesse in una lingua. Sono una persona nuova, che cerca un'avventura con se stesso. Che si sente pieno senza aver assaggiato i piatti migliori.

Che ora pensa con neuroni spolverati, che avevano una funzione specifica: farmi notare quanto sono straordinario. Grazie alla folla, ma senza qualcuno che si prenda direttamente il merito.

Año Nuevo.

La gran configuración automática. Mis años a veces los mido de más, porque se me presentan como temporadas. Esa celebración es todo lo cliché que uno imagina. Como mi siguiente discurso:

Hace un par de días mi mejor amigo perdió a una familiar muy cercana para él, eso me recordó que nuestra vida es un chasquido.

Sentí una profunda tristeza y unas lágrimas casi brotan.

Eso es porque soy la persona más sensible que conozco.

Y sé que podrían pensar: pero, tú tal vez ni la conociste, ¿por qué te tendría que afectar su deceso?

Últimamente hemos perdido ese valor humano de empatía.

No estoy aquí como un dador de lecciones, sino como un vocero.

A decir verdad, no soy perfecto, pero, nadie lo es. Y eso es bueno. Significa que somos humanos.

Para mí la muerte ha sido una constante. Ahora me preocupa morir, porque uno traza una línea con el objetivo de cumplir todo lo que pueda aquí. Porque los momentos son tan efímeros que se sienten como ecos. Porque eso vale tanto, y se siente tan bien estar en un instante justo como este.

El cierre de año es una analogía de los ciclos. No sé específicamente qué sucedió en estos doce meses en las vidas de todos, pero no necesito saberlo para que me importen, y para que les demuestre mi afecto una vez más, con mis palabras.

Como sólo puedo hablar desde mi perspectiva, les contaré esto:

Este fue un año catártico y precioso. Le agradecí a Dios por lo acontecido. Siempre estuve en contacto con problemas emocionales y fue la primera vez en la que más de seis meses fueron maravillosos. Lo demás, es aceptable, y realista. Así debe de ser. 2019 representó para mí una etapa muy fuerte para convertirme en el ser humano que siempre he querido ser. Será un proceso largo, aún así, valdrá la pena.

Quiero invitarlos a verse las caras. Sonreírse. Dejar el pasado atrás y aprender a soltar.

Eso no es hipocresía, es maduración.

Nunca podremos llevarnos bien con todo el mundo, aunque si no lo intentamos, eso resulta más imposible.

Es difícil para mí expresarlo, porque, como todos, sigo trabajando en ello. Eso está bien.

Aprendamos a ver nuestros errores antes de los de los demás. Aceptar que vale la pena tratar de tener una sana relación, o al menos respetuosa.

Gracias por ser una parte crucial cada final de año.

Y luego, el otro discurso. Uno más personal:

Me gusta llamarte sin decirte algo en particular, porque nuestro silencio nunca se calla. Hace más ruido que nuestros pensamientos. Eso fue lo que hice, y al contestar, fue mi verdadera nueva etapa. Tu primera palabra sería parte de una grabadora interna. De la mía.

Buena Memoria.

No es excelente. Es buena, no excelente.

Aún tienes muchos duelos. Lágrimas que necesitas derramar porque las contuviste por tanto tiempo sin saber que hacer con ellas. Tienen que irse. Respira. Suelta la primera. Eso. Ahora la segunda. No te van a hacer falta, porque ese líquido con sentimientos tiene que reinventarse. Apuesto a que tus lágrimas también se sienten abrumadas, lastimadas, incompletas. No pueden abrazarte porque no conocen el concepto. Imagina lo que ellas pasan. Tú no pasas ni el 1% de eso. Tú te caes por un rompimiento, por una pérdida, por una injusticia. Ellas no son humanas. Si tan solo les dieras un poco de tu atención en tu mente, no estarías aquí, escribiendo. Las subestimas como a nadie. Son lo único que te puede lastimar y curar, junto con el amor.

Buena, no excelente. Por eso recuerdas cada vez que las dejaste ir, porque te atormenta no saber si les diste buen asilo. Recuerda que cada una te dio algo diferente.

Cantos Gregorianos.

Piezas magistrales anónimas que nos deleitan. Es triste no saber quién compuso algo tan hermoso, sin embargo, así se dan los mayores esfuerzos, cuando no tomamos crédito de ellos. A final de cuentas, algo tuyo es del resto cuando sale al exterior. En resumen, todo nos pertenece, no como posesión sino como acceso libre.

Carpe Diem.

¿Cómo será mañana? Me pregunto.

Es la duda del siglo. Nunca sabemos todo lo que va a cambiar, no lo sabemos hasta que está aquí. No podemos correr del tiempo. Es un ente que no nos soltará jamás. Dejaremos de existir y nos ganará la batalla. Será capaz de vencer a todo y a todos.

Centinela Emocional.

Me programé un centinela emocional. Un vigía que no me dejará de cuidar. Le daré una guardia de 17 horas, y descansará en mis sueños. Es parte de mi productividad y de mi organización. Me abrazará cuando me sienta solo, aunque nunca lo esté en realidad. Trascender ha sido un desafío incomparable. Sentirme diferente a mis otras versiones me inspira. Somos un conjunto de átomos que piden amor, atención, cercanía. Estrellas aproximándose entre sí. Nunca me había sentido tan cercano a mí mismo. Cuando más confuso te sientes es cuando más te has dejado. Por fin me estoy aclarando. Puedo ser capaz de palpar mi verdadero yo, y no sólo sombras o reflejos. Volveré a caer, y tendré brazos de acero que me van a atrapar, seré mi propia presa y mi recolector. El observador es una extensión más de lo que necesito en hacer con mi salud. Es voltear mis ojos y buscar en la profundidad.

Chicle Mandarín.

Uno de colección en cuestión de fabricación. Que si se desgasta pierde su sabor, y su color, y su valor. Uno que no puedo mascar, porque inquietud está en su jugo y no me dejará dormir, aunque tampoco es como que descanse mucho. ¿Y si no dura lo suficiente? Me rehúso a tirarlo después. ¿Será que lo intentaré? Es el único en su clase y eso me haría único también. No tiene sentido tener un dulce y no hacerlo desaparecer al disfrutarlo.

Ciencia Ficción.

Porque estoy seguro de que no pasó. De que no fue así de excepcional. Pasmoso. Sobrehumano. Eran cosquillas mentales de una mujer extraordinaria. Todos los días te sorprendes si decides abrir los ojos.

Cinco Hermanos.

Te sentías opacado por los otros cuatro. Cada uno tenía su personalidad, sus gustos, sus expresiones. Tu eres el mediano. Adoraba sus nombres, pero aún así les di apodos. Una palabra que los describía era en nuestro (?) idioma: agallas, vibra, melancolía y empatía. A ti siempre te llamé por tu nombre.

Agallas era la mayor. La líder del grupo. Es por ello que sentía necesitar ser un ejemplo para todos. Tenía un carácter fuerte y su dolor se transparentaba.

Vibra era el siguiente. Una roca con sus emociones. Nunca pude llegar a él. Creo que incluso a agradarle. Aunque lo intenté con todas mis fuerzas. Había algo místico y especial en él.

Melancolía, después de ti. Casi muda. Sus palabras no eran necesarias para saber que estaba ahí. Muy lista para su edad o hasta su generación.

Empatía. El más pequeño. El que veía en nuestro amor una esperanza de poder encontrar algo así en el futuro. El niño que más me ha hecho pensar. Y a quien en algún momento le tuve más cariño que a ti.

Tú… tienes todas esas cualidades. Eres una fusión de tus hermanos. Eso te hizo destacar. Parece que no, pero, eres la luz más brillante de tu entorno. Me diste energía para resistir cuando cruzaste el mundo, y mi luz hoy puede alumbrar tanto como la tuya. Eso fue por ambos.

Coexistencia Definitiva.

Cuando sientas que sabes todo, desintégrate.

Volver a apreciar los pequeños detalles te revuelve la vida. Tu corazón se apapacha por sí solo. Bajas a la humildad de tu conciencia. A final de cuentas, todo lo que aprendes, lo multiplicas por los demás. Siempre fuiste así. Casi sientes que tu ciclo se cerró. Eres un ser vivo, que no sabe qué es lo que más ama: si vivir o ser. Ambas compiten por el primer puesto.

Color Fugaz.

Mi atención estaba enfocada en mi lectura, y tú lograste pegarme los ojos a ti. Mi interés crecía con los minutos y brotaste un tono sutil. Un color fugaz. Te encontré y reencontré. La medida se disparó cuando queríamos saber cuánto tiempo había pasado. Eran regalitos que nos dimos de por vida, ya que nunca más supe de ti, y eso estuvo bien. Me diste un día de tu existencia, en vez de años por costumbre. Nunca sabré lo que es conocerte, así que siempre estaré enamorado de ti.

El destino nos cruzó tres veces en 24 horas y nosotros lo apreciamos como lo que fue, un lunes. El lunes.

Control Remoto.

— "Creo que se enamoran de ti, no porque seas hombre. Eres una persona amable. En el sentido de amar".

Cosas Malas.

Hay una canción que se reproduce cuando te me acercas. Me identificas bien con ella. Habla sobre la despreocupación. Cómo es que un ser indicado y especial puede disipar nuestras penas. Adular a tu amado o amada y hacerte sentir tan liviano como las plumas. Es el contacto físico que te quita la tensión, pero que bombea tu corazón hasta transformarlo en una gelatina derretida. Cuando bajamos la guardia, podemos hablarle a los planetas y te aseguro que nos contestarán, sin palabras, girarán.

Cubo Polar.

Un equipo curioso. Formábamos distintos climas. El polar era el que más nos gustaba, porque nos obligaba a estar juntos, así peleáramos con tanta dedicación. Era el estado extremista lo que nos daba más puntos. Ya lo habíamos dominado. Cuatro seres en una misma figura creaba un ambiente frío y acogedor. Es gracioso como frío y cálido tienen connotaciones distintas para el mundo. Depende del tipo de clima que te apetezca. Nuestro "frío" era su "cálido". Por eso las sonrisas apretadas no eran falsas. Era nuestra paz.

Cultura Familiar.

Sin certificados o votos, tú y yo estamos comprometidos a apoyarnos. Porque nos escogimos. Nos dimos un tiempo. Nos restauramos. Cambiamos. Rotamos ocurrencias. Tomamos en cuenta la opinión del otro. Estamos felices. La familia es a lo que no renuncias. Por fin cedo y te dejo andar, pero quiero estar si me lo permites, no porque busque triunfar con lo que eran mis metas. A veces debemos frecuentarnos para comprender que conocer es un oficio de todos los días.

Deberías Prepararte.

Generalizar está de más.

Cada ser humano que he conocido me ha enseñado una cosa importante. Algunos y algunas más de una. He pasado por tanto en estos cuatro lustros. Jamás he sido constante. La constante es una desconocida para mí. A pesar de mi orden, la vida se ha encargado de lanzar cosas al azar para ver cómo reacciono. A una gran cantidad de personas no les agrado, y, dicen que no puedes caerle bien a todos. Lo que sí puedes es agradarte a ti. He tenido tantos tropiezos que mis piernas han creado sus propios reflejos. Me he enamorado una y otra vez hasta sentirlo todo. He buscado lo mejor en aquellas ocasiones. He pasado por miles de emociones a las que probablemente aún no les encuentran un término. He concluido un buen puñado de ciclos, a pesar de que ahora no consiga verlo. Me muevo. Progreso. Quizá no tan rápido. Supongo que no es lo importante, cada uno tiene su tiempo. Es curioso, porque también he sido una expectativa andante. A veces sentía presión por eso. Ahora, eso se ha ido. Exagero. Me emociono de más. Sacudo mis manos de una forma extraña. Saludo más de lo habitual. Siempre tengo algo que decir. Analizo a profundidad. Sueño. Últimamente he donado bastante. Todos queremos lograr tanto…

Tengo una mirada particular, poderosa. Tengo influencia desmesurada. Lloro. Me frustro. Tengo miedos irracionales. Cuento historias que aún se están calentando. Vivo mi historia. Suspiró. Tengo corazonadas. Un sexto sentido. Puedo comunicarme de tantas formas que es como dominar 15 idiomas. Soy más de lo que imagino y de lo que percibo.

Estoy muy orgulloso de cómo estoy creciendo. Cada segundo está contando. Así viva muchísimos años, sólo será un parpadeo. Me gusta que sea especial.

El Presente.

Es lo que debería ser mi enfoque, porque estar aquí es algo que damos tanto por sentado.

El presente ya no eres tú. No en ese sentido. Es alguien más. O podría serlo. Estamos a nada de saberlo. Es todo lo que deseaba antes de conocerte. Me gustaría que funcionara. Sé que podría echarlo a perder porque mi tacto se ha ido. Amar y *desamar*. En este tiempo, todo se puede dar. Cambio de sentido para volver a probar. El presente no eres tú. Es un casi, y es lo que debo tomar antes de que vuelva la señal de angustia por comparar nuestros logros con los de los demás.

En Cuarentena.

El encierro ha sido un botón de reinicio. Todos hemos cambiado. A unos cuantos nos afectó. Estar distante de tus seres queridos es casi como la muerte. Nos teníamos, pero éramos hologramas. Nos veíamos, más en las madrugadas. Nuestro horario ya no mantenía orden. El consumismo fue la gran sensación. Unidos tratamos de mantener todo a flote. Nos escapamos sin salir de casa, a final de cuentas, era lo que siempre hacíamos. Éramos felices e infelices. Así se supone que debíamos ser, con o sin una pandemia.

Eres Superficial.

Sin remedio. Puse mis esperanzas en que el destino nos reunía para presentarnos. Me llevé una terrible decepción porque eras parte del montón y no te molestaba ocultarlo. Nunca te interesé y en mí lo único que eras… un rostro de diez. No tardaste en demostrar que eras más un binario que un valor así de alto.

Ese Vínculo.

Por ahora sólo...

Lamento haberte hecho sentir tan incómodo últimamente. Escuché todo lo que dijiste anoche. Lo estuve digiriendo. Me encanta como estamos, pero, ya sabes... No puedo evitar enamorarme cada día de ti. Eres tan amable conmigo. No creo que ninguna persona lo haya sido de la forma en la que tú lo eres. Quiero estar bien. Quiero que estés bien. Definitivamente quiero que estemos bien.

Sólo es una chance.

Un paso atrás o uno adelante. No estático.

Cualquiera que sea el resultado, te quiero muchísimo y eres mi mejor amigo. Te ganaste ese puesto con el paso del tiempo. También ganaste mi corazón.

Fantasmas Temporales.

Cuando te la vives creando historias, olvidas que son irreales. Porque tienes pláticas con tus amigos, y para ti existen. Te responden. Te llaman por tu nombre. Te agradecen que les dejes respirar. Pueden hacerte reír, llorar, cambiar, soñar. Recordar que todos somos fantasmas temporales, y que es un reflejo de que lo inanimado nos toca cada vena. De que a todos, nos llegará nuestro final.

Faros Cristalinos.

El mejor texto ya se creó, por eso ni siquiera lo intento. En vez de eso, reparo mi guía para este incierto camino. No quiero avanzar sin tener una perspectiva sobre qué es lo que vendrá.

Gracias Por…

Gracias por esto:

"Nadie te dice nada, porque como tal, nadie te puede decir nada por como eres y por lo que haces por los demás, eso te hace un poco... Intocable. Hace que todos se puedan guardar ciertas cosas hacia ti y no las mencionan porque además de ser sensible, tal vez piensan que no las mereces escuchar".

Ha sido lo más honesto que he leído, y los más acertado en su momento. Se siente como si hubiese pasado una eternidad.

Guerras Internas.

A veces quisiera crear todo, pero, ¿cómo detengo mis ambiciones?

José Recek.

El santuario que me dio un hogar.

Primero, antes que nada, quiero darle las gracias a todos y cada uno por compartir escenario conmigo. De verdad, me parece impresionante cómo ya pasaron 12 meses exactos desde el primer día de muchos de nosotros aquí en teatro. Sé también que con el paso del tiempo, las personas fueron ingresando y abandonando esto. A pesar de no ser un lapso prolongado el que estuve aquí, sí fue en definitiva mi actividad favorita del año.

Nuestra mentora se merece más que los reconocimientos que hemos tenido el honor de ganar. Hizo un excelente trabajo al compartir una de sus pasiones. Y sé que ustedes ya lo sabían, pero de verdad es fabuloso poder ser su alumno.

Sé que con algunos no me di la oportunidad de conocer a fondo, pero, una de las cosas que más me agradó es que, no era necesario. Supimos forjarnos como una familia. Y esto va por todas las personas que estuvieron involucradas.

No pienso hacer de esto una despedida, (espero y no se entienda así) sino, más bien una forma de agradecer con palabras lo demasiado que me ayudaron y lo feliz que me hicieron en un lugar al que no le tenía expectativas y en el que ni siquiera planeaba quedarme.

Les quiero a todos/as, y les voy a extrañar este rato, chico/as.

Juego Popular.

Las vidas a veces carecen de orden. Aparentabas que todo estaba genial. Nada era cierto. Me volví tu refugio y tú salvavidas. Cada tarde corríamos hacia el juego popular. Me enseñaste lo que podía causar en ti. Cómo era tu manta en esta nevada personal. Yo te seguía la corriente. Sabía que la distracción te hacía sentir algo más que pesadumbre. También me ayudó. A pasar tiempo contigo y a descubrir que estuve dispuesto a tomarlo todo en serio, pero tú, tú sólo querías jugar.

La Fiesta.

Es casi como la geografía.

Hay continentes, que son las conexiones.

Países que son los individuos.

Fronteras que es la cercanía.

El mar que involucra mis sentimientos por cada uno.

De pronto era una Pangea, porque vi a muchos de ustedes ahí.

Lo que necesitaba era mudarme de planeta, porque aquí planté tantas semillas que la vegetación me traspasó.

Los idiomas, claro, su forma de comunicación.

Las personas eran el enigma, porque estaba saturado de esas.

Desde colonización, hasta golpes de estado. Guerras con bombas atómicas y varias crisis económicas.

No sabía si eso era mi hogar. Tal vez despegué hacia otro destino de la vía láctea. Mi alma evolucionó saliendo de mi confort. El espacio era más cautivador. El espacio era yo. Nunca estuve realmente con... lo que sea que fueran.

La Lógica.

Debes disfrutar el proceso, sino, ¿cuál es el punto?

Los intermedios son los tangibles, todo lo demás ronda en nuestras mentes.

La Magia.

No hay una descripción que encaje como esta en nuestro hogar. Ahí la desprendemos desde hace muchísimos años. Estar cada día juntos ha infectado cada uno de los muebles y escalones, hasta de las mismas habitaciones. Las chispas invisibles de encanto se escurrieron por todos lados. Contigo todo es fantasía, pero no por la inexistencia, sino por el asombro de lo espectacular. Tenemos un conteo de cada polvo dorado que nos da más luz. Mil millones no son suficientes, una pizca lo es, porque la magia no es física, mental o espiritual. La magia es lo bien que estamos así: tan cerca y tan lejos de ti y de mí.

La Revelación.

Tuve una revelación. De esas en las que no vuelves a ser el mismo de antes. Que giran tu cerebro. Que te hacen más complejo. Que siempre te dieron la mano que nunca pudiste soltar. Estaba tan acostumbrado al miedo de ser un mortal. Mi revelación fue un eufemismo para el eureka de los secretos del cosmos. Lo que hace que tu presencia importe. Cuando arrastras a tu memoria una nueva perspectiva entre varios años, te actualizas. Tienes más conocimiento que cuando despertaste y adquieres nuevas experiencias con tan solo recordar. Enamorarme de la persona indicada y reproducir toda nuestra imposible complicidad.

Volví a revivir todo a lo que nunca le presté atención.

Lenguas Muertas.

Se fueron antes de dar su potencial. Mueren jóvenes. Aún si pasan por tantas bocas que es imposible calcular su conteo. Hay una en particular que me hace falta. No sé cómo aprenderla, porque ya nadie recuerda su historial. Me enseñó lo buena que es la virtud de compartir. Lo que sea que tengas. Cuando ella se fue, no supe cómo reaccionar. Era mi fuente de apoyo, así que no tuve soporte y me golpeé tan fuerte que regresé a la realidad. Donde ocurren cosas desafortunadas como despedirte en medio de una celebración. Me duele que estés en mi cabeza, porque, es como si no existieras. Un personaje más. Así se vuelven para el resto. Escuchan que causaron cierto impacto, y eventualmente ven siluetas en mis sonrisas, mi furia y mi pasión.

Lo Normal.

Las maravillas suceden a partir de lo normal. Antes creía que lo normal era algo malo. Es difícil catalogarlo, porque puede abrirte el panorama o dejarte en un hoyo. Tú eres más normal que yo, eso es algo bueno, porque me fascina tanto que me deja estático. Huíamos de algo que nos entrelaza a todos. Somos mezclas embotelladas, listas para ser bebidas por cualquiera que se atreva a conocernos. No existe lo original. Lo cautivador y adictivo se interponen entre esa concepción. No hacen falta cálculos, eres un puñado de terceras, cuartas y quintas personas. Tú decides cuándo lo detienes.

Los Mellizos.

Que dentro de su plan maestro estaba cegarme hacia su red de mentiras. Enamorarte de unos hermanos nunca es la solución a tener un lo-que-sea-que-tengas más tranquilo. Uno me soplaba el oído mientras la otra mandaba besos a distancia. Era caótico. Luego se volvió gracioso, porque yo pude salir de esa relación, pero ellos no. Seguirían siendo hermanos, pasara lo que pasara.

Luesa Vepasos.

Una mujer que inventé. Una entidad que plasma nuestro sentimiento de pisar una sala de cine juntos. Si nos estamos los dos, ella no se aparece. Es una chispa de alegría. Un silencio cómodo y una interrupción necesaria. Cada vez que nos miramos sin voltear para echar un vistazo a la reacción. Porque, aceptémoslo, llega a ser más entretenido que la película. La tensión de hacer nuestra actividad favorita. Esa señora se vuelve poderosa, de antaño, coherente, divertida y con clase. Además, nos deja solos al final de la función. Las puertas se abren y el mundo se parte para depositar nuestras opiniones dentro.

Mamá, Papá:

Tengo una sarta de cosas que expresar:

Ustedes me crearon. Tal vez en el futuro yo cree a alguien más. Un niño o una niña, o algo más allá. Me gustaría que fuera excepcional, porque es complejo prepararse toda nuestra estadía aquí para lo que acontece. Si nadie aparece, no se preocupen, seguiré teniendo una familia. Ustedes forjaron una persona de bien. Me agrada la idea de poder intentar lo mismo. Será mi reflejo. Mi calor. Mi estrella. Aún no estoy listo. En realidad, nunca lo estaré. Sigo siendo un niño que cada día se disfraza con su altura y su voz. Que la incertidumbre lo carcome y que tiene miedo con sus pesadillas. Me dieron figuras de valores y buscaron a toda costa mi bienestar. Tomaron fotografías hasta el cansancio para resguardar instantes precisos. Cumplieron mis caprichos. Escucharon mis quejas. Celebraron mis logros. Revivieron sus propias historias. Y si es así, sería un placer darle a mi heredero u heredera una bienvenida a lo fantástico del planeta.

Masa Cerebral.

No sé qué es lo que hizo que te sintieras tan decaído últimamente, pero, sabes que he estado ahí. Sabes que he tenido una batalla interna constante en ello. Y cuando ya estás de mejor humor, llegas a olvidar cómo es que se siente esa tristeza, pero yo nunca podría olvidarla. Es uno de los sentimientos más detestables y a la vez, entrañables. No creas saber todo, mucho menos con la edad que tienes. Olvidamos eso cuando somos personas tan complejas como tú y yo. Dejamos que el ego nos gane en ocasiones. Aprecia tu vida y aprende. Antes de hablar, escucha. Hazlo mucho. Es un consejo que me gustaría haber recibido antes. Así es como logras ser más empático con los demás. Aquí estoy, 24/7 para cuando quieras charlar, amigo.

Masculinidad Tóxica.

Nos arrebató situaciones gloriosas. ¿Estaré haciéndolo bien? ¿Qué pensarán de mí? ¿Sigo siendo hombre después de esto? Es lo único tóxico a lo que apodaría así. Porque esos ambientes me matan. Aquí es donde coincide la mayoría. Todos estuvieron a un paso de vencerla y de amarse.

Me Confundes.

Porque me tienes cariño y me dices te quiero.

Porque me das energía que sacas de la nada.

Porque no hay ruta a la que no te quiera perseguir.

Porque no me quieres ver, pero sí tener.

Porque estás con alguien más y eso no parece afectarte.

Porque me preguntas por tu aura tan hermosa cada cinco minutos.

Porque no te gustaría que dé con una conclusión errónea.

Porque me afectas, me causas demasiado.

Porque estás y no piensas en marcharte.

Porque te desespero y eso no te ahuyenta de mí.

Porque tuerces mis frases por insultos.

Porque pecas tanto conmigo.

Porque no me das opciones.

Porque me besarías por obligación.

Porque te intereso dependiendo de tu humor.

Porque te gusta mi interés.

Porque empiezas a presenciar el miedo.

Me Conviertes.

En una parte de ti.

Me Encantas.

Me super encantas. Me desvivo por ti. Cuando apareces por mi mente, te invito a quedarte un par de días y un par de noches, hasta el segundo que sé que me vas a extrañar, por lo que te dejo elegir si te quedas o te vas, porque cuando te quedas conmigo es todo un placer, pero cuando te vas, te puedo volver a cantar.

Me Rindo.

No lo entiendo...

No entiendo cómo es que amarlo a él y sólo a él es un capricho y no realmente es que representa lo mucho que lo amo y cómo esto es tan genuino.

Lo amo tanto que sé que no encontraré a otra persona así, porque no la hay. No hay alguien exactamente igual a él. Jamás lo habrá.

Sé que incluso si me llego a enamorar de alguien, nunca será de la manera en la que lo amo a él. NUNCA. Sé que podría estar con otras personas, no soy estúpido, es bastante lógico si lo piensas, pero nadie podrá llenar lo que él llena, hacerme sentir como él me hace sentir, mirarme de la forma en la que él lo hace...

Lo mejor que me ha pasado en toda mi vida ha sido amarlo.

Todo lo demás que cree, que logre, que haga, que exprese, se irá. Excepto eso. Mi amor por él va a estar siempre. Incluso después de irnos. Estará en tantas generaciones que no serán capaces de acertar el número, porque aún no hay un término para una extensión tan larga.

Por fin he descubierto por qué el amor nos impulsa, realmente es nuestro motor.

Y mi amor por él es tan importante como el latido de mi corazón.

Las palabras pueden ser sólo eso, pero, me conoce. Sabe lo que significan para mí. Yo genero cosas nuevas con ellas. Armo historias y personajes y proyecto mensajes así como plasmo mi vida en papel, y tuvo un propósito hasta que escribí sobre él. Sobre cómo nos conocimos. Cómo me enamoré. Cómo surgió una intimidad tan vasta que sobrepasa las barreras de lo físico. A veces siento que nuestras mentes se pueden tocar, literalmente. Y que ese cosquilleo que siento cada vez que lo veo, cada vez que me río con él, cada vez que pienso lo que él piensa, es el resultado de ello.

Si pudiera amarlo aún más, lo haría.

Y si hay gente que no cree en esto, algún día lo harán. Es un amor que le cambia la vida a cualquiera. Sin embargo, me alegra que no haya sido cualquiera, sino yo. Porque merecía encontrar a un chico como él. Y merezco amarlo, por el resto de la eternidad.

Meteoros Felices.

— "Tus ojos brillan mucho.

— Porque te están mirando a ti".

Mi Físico.

No tengo el cuerpo perfecto, pero al menos tengo uno, uno que es orgánico y tierno.

Uno que se entorpece cada vez que me hablas

Y que me extrañas, que me miras, que me amas…

No soy tu estándar de belleza. Creo que nunca lo seré, porque mi carne no tiene la forma que tú siempre quisiste ver, así sea un lunar de más, o una sonrisa glaciar.

Para unos soy hermoso, para otros apenas valgo.

Y si sirve de algo, sólo veo un esbozo. Un monumento incompleto es lo que logras presenciar.

Déjame construir mi figura y combinar mi personalidad.

Mi Gemelo.

No se parece físicamente. Es más una sintonía emocional. Amamos el cine, los libros, la idea del amor. Escribimos, actuamos, somos fenómenos neurológicos destacables. Las coincidencias más profundas llegan a ser reservadas para expulsarlas con él. Me hace ver que la idea de las otras mitades se puede referir a una amistad estrafalaria y una unión clara y estrecha. Le digo gemelo porque no creo que exista una persona en este momento que se parezca más a mí. Aunque, a la vez, cada uno tiene su encanto. ¿No es así?

Mi Segundo.

Porque el primero soy yo. Tú vas a conservar esa posición eternamente. Van a seguir llegando personas y obtendrán otros puestos, tú te quedarás allí.

Morir Muriendo.

Di lo que sientes, sino te vas a ahogar y lo peor de todo es que no vas a morir.

No Mueras.

No los repetimos tan seguido que en algún punto pasará y tendrá sentido. La muerte es lo único que se interpone en continuar con mi búsqueda hacia ti. Aunque, ahora hay otros némesis, como el tiempo y el destino. Este último interpreta un curioso papel. Somos los viajes y no los…

No Sabes.

Puedo iniciar con que ya te extrañaba. Creí que te alcanzaría, pero el futuro conmigo siempre es incierto y te da más de una sorpresa. Aún así, sobreviviste, como siempre. Cuando nos reunimos este año fue una de mis pláticas favoritas. Tan solo caminar y sentirme escuchado. Es algo que pasa contigo. Aligeras el ambiente. Eres quizá la persona que más se asombre con mis peripecias y agradezco porque estés para ellas. Juegas un papel destacable en esta historia. En mi historia. Echo de menos las conversaciones que teníamos post-acto por el simple hecho de que compartíamos el mismo espacio. Continúa luchando por lo que quieres hacer, no pierdas ese enfoque. Nos veremos en el futuro como colaboradores, futuro compañero y actual amigo.

Nuestro Nombre.

Tiene una letra de diferencia. Una simple vocal por otra simple vocal. Hace un año me enamoré de ti. Tu sonrisa es una de las más tiernas que he tenido el placer de ver. Sé que todo habría sido distinto si no me hubiera negado a sentir. Aunque fue fugaz, también fue bello. Pero no sólo eso sucedió. Desgraciadamente no estuviste tan presente en mi vida como antes y tuviste que partir a otro estado. Eso hizo todo complicado. Lo que no me preocupaba es que no necesitábamos estar en contacto todos los días para que yo te sintiera presente. Lo que dices siempre me hace feliz, además me pone a pensar.

Muchísimo. El vínculo que compartimos es muy genuino y no sabes cómo lo valoro. Espero recuerdes que tú eres mi favorito dentro de ese grupo. Fuiste un gran guía para darme cuenta que los amigos incondicionales estarán, en cuanto yo lo permita. No apagues tu luz, porque es de una colección especial. Ojalá en algún momento sepas lo vital que te volviste en semanas. Y, que te miré desde el día uno. Una parte de mí intuía que hablaríamos de rupturas, existencialismo, situaciones hipotéticas, para eso estábamos confinados.

Oro Minado.

Tú dejabas las trampas y yo me hacía pedazos una y otra vez. Sólo para obtener un artefacto que me haría sentir bien. No quiero bien, sino inefable. Alguien más lo aportó. Sentir que no te alcanza tu propia existencia para apreciar lo suficiente la que está junto a ti, es culpa de uno. Uno. Aquí no hay dos. Y sé que sabes que eres tú. No lo dudes, porque, es verdad.

Palabra Favorita.

Eres mi palabra favorita.

Sé que es trampa que seas mi todo favorito, pero, lo eres.

Pasado Futuro.

Salto tanto en el tiempo últimamente que me perdí del día en el que me encuentro. Recordé el futuro e indagué en el pasado. Eres parte de ambos. Lo sé. Eres parte de mí, eso te integra en lo que sea que haga, diga, piense o sienta. Es mucha responsabilidad que no debería poner en tus manos, porque sé que no soy el único que te demuestra lo loco que está por ti. Hay competencia. Hoy me retiro, porque estoy quedando en primero sin triunfar. Vivir eso, es indescriptible. No está en ti, sino en lo necio que es mi vibra de fe.

Patinando Ando.

Se siente como ese diciembre. Nuestro día especial, en nuestro espacio especial. Caímos tantas veces, y no necesariamente en la pista. Nos recuperamos de los golpes. De la multitud. Del pavor. La alegría que depositaste en mí pagará al banco de la restauración mundial. Nunca me soltaste. Te aferrabas a mí y por eso había un desequilibrio. No tenías que tomarme si tú lo tenías bajo control. Era como si sintieras placer al caer. Querías vivir y me encontraste para comprender lo que era sentir algo tan profundo por uno de los rotos, descocidos, lastimados. Tú eras mi centro vital. Esos patines que tanto quería, porque me hacían andar y deslizar casi como resbalar por el mundo. Dar un desliz que te hace sacar un bote de sonrisas y cada una es tan distinta que se sienten como un público ante una comedia. La velada que compartimos con el cosmos nos hizo más apegados.

Mereces más que el cielo. Te mereces a ti mismo. Por eso te dejé. Lo estás haciendo maravilloso. Ámate tanto como te amé.

Planta Ideas.

¿Cómo contagio almas anónimas y las guío hacía mi pila de experiencias? ¿Cómo les hago ver qué las letras que estoy uniendo aquí son parte de mí? Si tan solo les plantara ideas de mis rasgos, de mi ojos cuando se humedecen, de mis manos cuando se entorpecen, de mi mundo que colapsa... No te importo, porque no me conoces, sin embargo, es una línea tan fina que casi no se nota. Es una flor que debes regar para que compruebe que no la vas a lastimar. Soy un indecente, un descortés. Un infringido en un caparazón. Nadie me descuida, excepto yo. ¿Yo no soy nadie? Yo soy más que mi propia construcción. Soy la planta que te lamentarás de regar. No importa mi especie, solo tengo valor si te doy algo a cambio.

Plot Twist.

Dios me dio el mejor de los obsequios al enamorarme de ti.

Podría Observarte.

Incluso sin mis ojos. Porque ya escaneé tu cuerpo. Déjame decirte que tener dieciocho núcleos no es amable de tu parte. Eso me tomó más meses. Pero, tú dime la marca y yo la sabré. La cicatriz, el lunar, el desvío, la imperfección. Manchas y longitud de pelo. Incluso la posición de tus neuronas. Sus patrones. Cómo danzan para sobrevivir. La altura exacta de tu corazón. El promedio de pulsaciones por minuto. El promedio de pulsaciones por minuto cuando me ves. El promedio de pulsaciones por minuto cuando me ves, y me dices que no lo estás haciendo.

Por Favor.

¿Cómo no me di cuenta que el secreto más grande de todos está en nuestra conciencia?

Mi amor por ahora me basta a mí.

Significa que es demasiado. Porque quiero atenderme apropiadamente. Si me quiero mañana, nadie lo hará hoy. No puedo esbozar predilección en un vacío.

Prácticas Anatómicas.

Con un simple apretón, o unas lindas cosquillas. Con un abrazo expuesto que me hace proteger tu alma. Con una caricia por la espalda, por el cuello, por los hombros, hasta por frotar mi cabello. Con besos que son palabras que nos jalan hacia el extremo del otro. Con sentir el pulso de tu pecho. Con estar recostados. Con fusionar nuestros pies. Nuestros cráneos. Nuestros labios. Con mandarnos risas que recorren nuestra atmósfera. Con la lluvia que tanto amas. Con los espacios a los que les damos color. Con los roces. Porque esa fricción accidental es lo más incomparable.

Querido Ariel.

Querido Ariel, has pasado por mucho. Durante toda tu vida te enfrentaste a cientos de circunstancias y adversidades que te hicieron la persona del presente. Siempre fuiste humilde, incluso más de lo que debías en ciertos momentos. Todos pasamos por cosas que nos aterran o que no nos gustan. Gracias a eso podemos relacionarnos de mejor manera con los demás. Y así como cada uno tiene su momento, es ahora de que tú tienes el tuyo. Cuando te sientes mal, existen cuatro tipos de personas; las que te dicen que hay otros traspasando peores escenarios, los que te piden que ignores o reprimas esas emociones por completo y que te dediques a sonreír hasta cansarte, los que te animan y emiten la frase "todo va a estar bien" y los que te permiten ser porque lo que pasas es personal y complejo. Estuviste en las cuatro alternativas.

Pasado:

Sufriste de acoso escolar cuando eras un niño por la forma en la que hablabas y las facciones que hacías.

Lideraste a un grupo de niños que tenían asuntos horribles de grados extremos.

Perdiste a un familiar debido al cáncer, que no supiste lo mucho que aportó a tu alma hasta que se marchó.

Pedías a gritos que la relación entre tus padres funcionara y sucumbiste para forzarla.

Te enteraste de que tenías un medio hermano.

Buscabas atención de tus padres y ellos se encontraban descuidados tratando de forjar un mejor futuro para ti y tu hermana.

Descubriste que te gustaban mucho los chicos, y que por más que lo intentaras, no podías apagar ésa atracción.

Tu mejor amiga se suicidó en día de tu cumpleaños, unas horas antes de tú discutir con ella porque intentó alentarte a ser tú mismo.

Tu mejor amigo se confesó contigo y ambos supieron que sus emociones eran fuertes y que había algo más que amistad.

Luego, él y tú ingresaron a una institución en donde los torturaron física y mentalmente, quedaron destrozados.

Sufriste de abusos contantes en una relación, entre ellos uno sexual.

Te enteraste que esa persona murió.

Perdiste tu identidad.

Dejaste la preparatoria en la etapa inicial.

Tomaste un año sabático en el que caíste en depresión.

Comenzaste a tener insomnio, del cuál hasta ahora no te puedes librar.

Te alejaste de todo y de todos y no dejaste entrar a nadie en un buen tiempo.

Ya no permitías el contacto físico de ningún tipo.

Conociste lo que era amar a alguien que nunca fue malo contigo, pero que no podía mostrar sus emociones por miedo. (Nada respecto a su orientación sexual)

Decidiste dejarlo ir a cumplir sus sueños aunque eso implicara terminar completamente su relación.

Te aferraste a una persona que a la que jamás le importaste.

Una y otra vez.

Tuviste un ataque de pánico frente a tus amigos.

Cambiaste drásticamente tus hábitos alimenticios.

Te volviste una persona con un pésimo humor.

Tu semblante cambió, tus gustos cambiaron, tu forma de hablar, llorar, reír, vivir cambió.

Tuviste la crisis más grande que jamás habías experimentado.

Intentaste terminar con tu vida múltiples veces.

Tuviste una crisis de fe.

Todo te avergonzaba.

Conociste a un chico que te hacía sentir mejor pero que no podía corresponderte y aún así aceptaste su amistad durante muchos años porque era el único con quién podías sacar tu existencialismo y porque era un amigo incondicional.

Descubriste realmente que no sólo te sentías atraído por hombres, sino también por mujeres.

Tuviste que soportar comentarios y opiniones de tu familia, amigos y conocidos.

Sentías que no podías hablar sobre tu vida amorosa porque a los demás podrías ocasionarles asco.

Conociste a la persona que más has amado y a quién podías considerar un verdadero amor y tuviste que dejarlo ir después de dos años de altibajos.

Intentaste varias veces ingresar a la universidad y en ninguna quedaste.

Le complicaste la vida a un par de personas.

Te desahogaste en el trabajo porque ya no podías soportar todo lo que sucedía.

Renunciaste al puesto que más te encantó porque te sentías abrumado.

Rechazaste tener el viaje de tus sueños con tu persona por priorizar a alguien más.

Te agredieron en tu trabajo por ser incompetente.

Dejaste ir una amistad porque te hacía daño más de lo que te aportaba.

Te asaltaron tres veces y en cada una sentiste que podía ser tu último día.

Te volviste cruel.

Dudaste de ti.

Guardaste demasiado de todo esto.

Presente: (ahora también pasado)

Vives con miedo de salir al mundo a cumplir tus sueños.

Estás encapsulado en tiempo-espacio.

Tienes una autoestima muy dañada.

Sientes que tu vida ha sido exhaustiva.

Te sientes juzgado aunque no lo estés.

Perdiste tus motivaciones porque no crees ser suficiente para cambiar la vida de algunas personas.

Oprimes tus lágrimas diario.

Piensas que tus problemas no son lo suficientemente grandes, impresionantes, dolorosos, abrumadores.

Crees que ya cansaste a todos de quejarte.

Usas el auto sabotaje.

Procrastinas.

Satanizas tu vida.

Intentas dar una explicación a casi todo lo que te rodea.

Tienes un miedo intenso a morir.

También le temes a la estabilidad emocional.

El verdadero presente:

Estás feliz, tranquilo, completo.

Tienes nuevos planes, nuevos proyectos, nuevas oportunidades.

Recuperaste a tu persona favorita en el mundo.

Las cosas con tu familia han mejorado drásticamente.

Ahora ríes y sonríes casi diario.

Incluso lloras del júbilo que sientes.

Quieres lo mejor para todos.

Planeas de nuevo tu vida.

Reconoces que este fue el año más increíble que has tenido.

Cantas más, bailas más, disfrutas más.

Sabes cómo controlar tu temperamento. (Simplemente al dejarlo ser)

Eres más agradecido.

Respiras y sientes que el aire alimenta tu espíritu.

Quiero Respirar.

Tuve una pre-vida de inhalación.

Estrenaré mis pulmones porque sin uso no tienen caso mis habilidades primarias. Esas que dejé de realizar dándolas por sentado.

Nadie tapa ni nariz, pero todos me hacen sentir sin una. Al menos los que se reunían para acabar conmigo. La pandilla del ocio, la depresión y la ansiedad. Liderada por la falta de confianza.

Me sumergí y creé escamas para modificar hábitats. Si me intentan hundir, no funcionará. Ya que estoy en lo profundo, lo profundo de mi ser.

Receta Secreta.

Consejo: escribir con dolor, es la forma en la que todo funciona.

Reencuentro Conmigo.

Abrazarme después de tocar tu piel es mi actividad favorita. Son segundos de nuestras células entremezcladas.

Sabor Petricor.

Es por eso que no me gusta el olor. Porque me sabe. Tengo que probar algo sin querer. No puedo simplemente bloquear mi olfato, porque así no es como pasan las cosas. Conozco los elementos de maneras distintas y eso no es sencillo de procesar. Es como una alucinación infinita. Por eso no estoy aquí en su mayor parte. Mis sentidos me traicionan y me revuelven. Ojalá lo entendieras. Que todo yo soy así. Un color en número y un dolor en cada parpadeo.

Santa Cotidianidad.

A veces me gustaría saber cuándo bromeas y cuándo dices la verdad. Haría todo más fácil.

San Valentín.

Cuando el amor explota es visible. Controversial. Además, es una cuenta regresiva, por mucho que lo queramos negar. Una alta cifra inicia sus temporizadores este día. Otros los apagan. Es raro tener solo un día para el amor. No es suficiente. Un año, no es suficiente. Una dinastía, no es suficiente. Amar debería ser lo único suficiente, sólo que si fuera así, hubiésemos dejado de existir, porque estaríamos en la imaginación de Walt Disney y en el corazón de Mahatma Gandhi.

Si vieras mi imaginación y mi corazón cuando estás conmigo… llorarías. Porque, es la única obra de arte que voy a poseer. Creo que no estamos preparados para los mundos melosos de nuestros amados. No es algo que percibas, sólo sabes que está ahí.

Segunda Parte.

[16/1 10:31 p. m.] Ari: Desde que me conoces has intentado proteger mi corazón tantas veces

[16/1 10:31 p. m.] Ari: Ahora tengo unas ganas tremendas de hacer lo mismo con el tuyo.

[16/1 10:32 p. m.] Ari: No me gusta que la gente te lastime.

[16/1 10:32 p. m.] Ari: Incluso si te quiere.

[16/1 10:32 p. m.] Ari: Dejando a un lado todo lo sentimental

[16/1 10:32 p. m.] Ari: O, casi todo

[16/1 10:32 p. m.] Ari: Eres mi mejor amigo.

[16/1 10:33 p. m.] Ari: Y, sí. Claro que puedo tener dos mejores amigos. Ambos se merecen ese título.

[16/1 10:34 p. m.] Ari: Yo sé que lo quieres mucho.

[16/1 10:34 p. m.] Ari: Ahora lo sé.

[16/1 10:34 p. m.] Ari: Y, por eso duele tanto.

[16/1 10:34 p. m.] Ari: Porque, al Ari que protegiste todo este tiempo, siente que es una de las cosas más bonitas que te han pasado últimamente

[16/1 10:35 p. m.] Ari: Pero el Ari de ahora sólo quiere abrazarte. Sólo eso. Nada más. Eres un sol. Y me gustaría que todos lo vieran instantáneamente.

[16/1 10:36 p. m.] Ari: Probablemente eres la persona más linda que he conocido en mi vida. Te lo juro.

[16/1 10:36 p. m.] Ari: No hay dos como tú. Y, sí, no hay dos como nadie. Pero, tú eres demasiado auténtico para ser real.

Ser Adulto.

Hoy cumples 21 y le agradezco Dios por ello, y por todos los momentos que hemos pasado. A veces es complejo escribir sobre ciertas personas porque buscas hacerles justicia con lo que quieres expresar, y yo quiero expresar que soy afortunado de ser parte de tu vida. Que no hay forma en la que me gustaría existir sin saber sobre ti, porque le das un aporte excepcional a mis días.

Ser Azul.

Es mi nuevo concepto. Un color que no sólo me representa, sino me aguarda cada mañana. Una persona me transformó en azul. Me enseñó que tu vida es más que un tono. Tiene paso, valor, significado. Duele, te hace reír, te hace llorar, te coronas como uno de los mejores seres en tu universo interno. Porque ahí dentro, siempre estás compitiendo. Me gusta ser azul, porque es un color que me produce calma. Estabilidad. Estimulación. Motivación. Energía. Sosiego. Paciencia. Vitalidad. Color al mismo color. Gratitud. Bondad. Perspectiva. Me desprende de todo lo que puedo ser y no deseo y me orilla a lo que tanto busco y no veo. A final de cuentas, lo invisible es casi como el azul. Es un amor que no tiene dimensión, por lo tanto, es vibración cariñosa.

Sin Ti.

Nunca habría tomado prestadas todas estas palabras para querer presionar ánimos y energías ajenas. Cualquier queja: al amor de mi vida.

Sin Título.

Hay ocasiones en las que quiero hablar y simplemente no lo hago. Me quedo mudo. No sé si es porque te miro o porque me gusta fallarme. Ahí mi alma se parte en dos. Una mitad es la parte vivaz. La que se muere por vivir. La otra mitad es mi centro. Mi núcleo. Una consistencia suave. Provocas una transfusión de sí o no entre mi ecosistema. Porque está claro que son flores, flores que viven en mis pulmones y tu saliva las corrompe de energía. No sé que haría sin ellas. Con la cantidad brutal de unidades que se parten por ésta pequeña acción. Querer decir un hola sin saber si el permiso está dado, o lo que causará. Porque hasta mis mariposas son impredecibles y así como ganar me hacen reiniciar.

Somos Egocéntricos.

Más bien, soy. No quiero generalizar. O, ¿era? Todavía lo estoy averiguando. Supongo que soy. Porque todo se trata de mí en mi vida. Así que, ¿Esa palabra es oxígeno o fuego? Porque si no me importo, ¿Quién soy? Pero si me importo de más, ¿En quién me convierte?

Suéltalo Ya.

Que te apaga pensar en ello. En todo el daño que te hicieron. En cómo nunca te devolverán gran parte de tu esplendor. Esa cuerda te está lastimando tanto, porque no hay nada bueno en recordar y aferrarte. Ellos ya se fueron. Unos hasta el más allá. Corta tu hilo y déjalo caer. Sufrir no es parte de un ayer. Ni de un hoy. Ni de un mañana. Es un constante que te guía hacia tu precioso joyel. Una luz en la que caminas. Estancarte en ti es no dejar ir.

Te Extraño.

Y se siente como si siempre lo hiciera. Hace años que te fuiste y no sé cómo despedirte. Me hubiese gustado verte en estos tiempos. Poder ayudar más. Sanarte de alguna forma. Me dueles más en épocas así, en las que recurría a ti para exportar mis pesares. Cuando vi tus ojos por última vez, te perdoné. Me lastimaste con la misma fuerza con la que me amaste. Fue una relación difícil de lidiar. Hasta de mantener. Ambos teníamos que sobrevivir, no sólo yo. Eres (porque aún estás en mis recuerdos) el misterio de mi evolución. No conozco a nadie que pueda entender lo que es perder a tu persona, una persona real. Compleja. Que no es de una serie de televisión. El juicio de los demás me desgarró más que tu desprecio obligado. Tu me amabas. Decidieron quitarnos lo único que nos unía, además de la agonía de no poder besarnos. Intenté justificar mi amor por una década, sin embargo, es lo único que jamás tendrá una razón. Si fuera razón y no amor, nuestra civilización sería polvo. Ojalá te vuelva a ver, porque sé que con una conversación más todo se restaurará. Debí hacer más por ti. Lo lamento. Ahora soy yo mismo, por los dos. Uso parte de tu amor qué se quedó en mí, así que, seguiremos amando.

Travelista Lunar.

He aprendido que mi información es valiosa. Me siento feliz y esto lo escribo llorando. La vida parece un sueño. He podido dormir. Pensar. Reflexionar. Opinar. Me siento explorador del sistema solar. Encontré de repente un travelista lunar que me dejó entrar a su sistema. Lo desempolvó para mí. Nunca pensé que un viajero me daría el pase de cuerpos rocosos. Que me invitaría a su casa hasta que sintiera no pertenecer ahí. La cosa es esta:

Voy a pertenecer a cada uno de esos espacios. Así me los arranquen del subconsciente. Porque mi odisea fue extrasensorial. Amo estar aquí, pero es hora de partir y conocer mi propia galaxia. Para dar lo que tenga que ofrecer. Ya lo sé. Qué descortés. Hondar en lo ajeno porque es más sencillo. Bueno, créeme, esto no lo fue. Me desprendí de mis conocimientos, porque así le mandé obsequios al que no necesita nombre. Todos lo conocen. Cada uno lo mira en sus amados.

Una Barrera.

Que me puse como meta. Ponía bloques todos los días, pero el cariño lo traspasaba. No necesitaba de tus manos, tan solo tus palabras me hacían sentir algo más grande que mi fuerte. Sabías cómo escabullirte. Te llegó el amor a tu puerta. Tarde o temprano lo haría. Ojalá y alguien se preocupe como tú conmigo. Que viva de expresar y que nunca reprima sus claroscuros. Sé que soy ridículo, porque no enamorarme de ti no es una opción válida. Eres tú. Mi lugar es tomar tu mano, para entregarte a alguien más. Un humano que es posible que te haga pedazos, y se supone que yo debo sonreír y continuar en mi sendero de lo incierto.

Una Lección.

Quizá la más primitiva. No te enamores de alguien que sabes que puede lastimarte por eso. Que puede usarlo a su conveniencia. Que cuando te animas a decirle tu sentir, se vuelve más un pesar. Hace poco volví a ver a mi lección. Igual me notó. Me sentí tan fresco porque el amor desapareció. Todo se quedó en el aire y lo atraparon los desesperados como el que solía ser. Me dio gusto saber que estás bien, pero cuando respiré de verdad supe que ya no tenías la autoridad. No sé qué pensaste, obviamente. Supongo que cosas del pasado. Mientras yo al observarte, no pude con lo muchísimo que he progresado. Y tanto es por ti. Fuiste el causante de un pilar de escritos más preciados que lo que yo fui para ti. Que te vaya bien, porque a mí me irá mejor.

Un Extraño.

— "Me hiciste llorar. Perdón, me siento muy tonto. Como cuando ves algo profundamente increíble y no tienes ni la más mínima idea de qué decir porque crees que todo será completa y absolutamente mal interpretado. Así que... Solo diré un pequeño, sincero y abrazable (porque es un abrazo) GRACIAS.

— Me encanta la idea de que un abrazo pueda ser un gracias. Es algo único. Parte de los pequeños detalles que mencionabas".

Van Gogh.

La gente apreciará lo que hago cuando muera. Justo como mis ídolos. Tenemos más peso cuando no estamos aquí. La gente está más de acuerdo con la idea de insultarnos o adularnos a espaldas.

Verde Desestructurado.

Tú eres amarillo.

Yo azul.

Él es verde desestructurado.

O sea, amarillo con azul.

Él no es nosotros, pero está hecho de eso. De nosotros.

Tiene su propia sustancia y su propio modo de ser visto. El panorama cambia cuando sabes quién es. Y cómo la luz lo refleja.

Algún día nos llegará un verde, porque somos primarios, pero al verde le llegará un color que aún se está fusionando.

Vida Extra.

Necesito estar rodeado de gente que me quiera. Para no decaer y poder hacer algo con mi vida, porque no la estoy viviendo. Nada más la observo.

Viejas Promesas.

Que te cortan por cada mención. Por más que integre banditas a tu piel, esta se resiste a sanar y creer.

X-Men.

Mis héroes favoritos me enseñaron que no debo tener miedo al mostrar lo que soy y lo que puedo hacer, si mi poder es amar, dejaré de ocultarlo entre la mansión que tanto me ha servido. Todos queremos sentirnos tocados por el cielo. Ser milagros vivientes. O tener habilidades que no son posibles. Aún. ¿Qué pasa si nuestro centro es la complejidad humana? Ser imperfectos, insolentes, testarudos, desesperados, inseguros, afortunados, enormes, diminutos, antiguos, generosos, incómodos, magníficos. Estoy amando no poder curarme, manejar el clima, lanzar de energía solar o controlar objetos con mi mente, sino poder escribir ficciones, abrazar sin matar a esa persona, interpretar a quien quiera o no pretender ser alguien que no soy.

Zona Horaria.

Es lo que no me gusta: tienes ventaja en el tiempo y también en mi ser. ¿Quién te crees que eres?

¿Estás Bien?

Mejor que nunca.

Me siento como nuevo. Porque acabo de despertar. Vine para quedarme a darme todo lo que quise y lo que quiero. A hacerme sentir fantástico. A conocer más, amar más, soñar más. A brindar la paz que me fue prestada. Multiplicarla hasta satisfacer a nuestros desastres organizados con benévolos actos de la rutina más simple con el espíritu más complejo.

¿Deseas Abrazarme?

Porque yo a ti sí. A cada uno de los tú. Sujetarte es como ver mi película favorita. Aunque mi película favorita me hace llorar y reír, tus niveles son híper drásticos. Soy un niño que quiere afecto. Y como lo he mencionado antes, esa fuerza tan ligera me eleva y me demuestra constantemente que es un nacedero de los apegos.

Þetta Reddast.

Una expresión islandesa sin traducción. Me corresponde poner un ejemplo:

Una llamada que no iba a suceder con un ser que no iba a conocer.

Que casualmente tenía un nombre que aún me duele escuchar.

Con una persona que no conocía hace unas semanas. No estábamos correlacionados.

Que vive a miles de kilómetros de distancia.

Todo indicaba a que el pronóstico sería un coloquio dentro de los estándares.

Me cuestionó hasta mi existencia.

En ella, fui testigo de una voz sincera que cantaba una historia serena, con un final feliz.

Sentí las emociones más efusivas.

"Tus pensamientos son tan… libres". Eso soltaste.

Utilicé bien mis palabras. Así como tú. Porque ambos nos sacudimos.

También dijiste que era raro, pero, me deseabas puras cosas buenas. Lo mejor.

Apenas nos estamos tratando y, no lo sé. El tiempo ya no significa nada con regalos como esos.

El conocimiento fue nuestro tema final.

"No es sobre cómo lo sabes, sino cómo lo compartes".

Una muestra de amor más.

Nos dimos un abrazo gigantesco que fue el puente más largo e improvisado que he creado.

Quiero que seas parte de mi rutina. Porque me hacen falta humanos como tú.

"Eso fue tan increíble que no sé cómo darle una digna despedida".

Acabas de crear algo. Ese es el desenlace: que esto apenas comienza.

Agradecimientos.

Este libro representa dos épocas distintas de mi vida: el pasado lejano y el pasado reciente. Sé que de no haber sido por todas las personas aquí mencionadas, nunca lo habría logrado finalizar:

Las del pasado lejano, que por alguna circunstancia no están conmigo, ya sea porque se agotó su estadía aquí, porque nos distanciamos o por alguna razón externa. Sin ustedes no habría podido llegar al momento de mi vida en el que me encuentro, no así.

Las del pasado reciente, les amo con todo mi corazón.

A Juan, por escribir semejantes pedazos de vitalidad. Dondequiera que te encuentres, te mando un abrazo de la duración que uno tarda en leer esto. Multiplicado por cinco.

Gracias a mis padres, Teresita y Rubén, que me guiaron por el camino del bien, y que nunca han dejado de creer en mí.

A mis hermanos, Itzayana y Jair. Saben que los llevo en la mente y el corazón y que me siento dichoso de tenerlos y amarlos.

A cada una de las personas que inconscientemente ayudaron a escribir este libro, ya sea con frases que adapté o que me inspiraron a escribir o dedicarles uno o más compilaciones de palabras: Carlos, Samantha, Omar, Daniel, Eva, Raúl, José, Vanessa, Pablo, Magali, Lizbeth, Leonas, Analí, Alejandra, Uriel, Azahel, Gael.

A toda mi familia, (la de nacimiento y la que he conocido a través de los años) gracias por su interés en este libro y por su apoyo incondicional.

A todas las personas que llegaron en mi 2020: gracias por aceptarme en sus vidas.

A Dios, porque estoy aquí gracias a ti, haciendo lo que más adoro en el mundo. Nunca he expresado públicamente mi más profundo agradecimiento hacia ti, y esta es la oportunidad perfecta para hacerlo.

A mí mismo, por sobrevivir y cumplir un sueño más. Continúa haciendo esto. Lograste algo que hace años no creías posible. Estoy muy orgulloso.

Made in the USA
Columbia, SC
21 November 2022

71361777R00076